Retratos do Brasil

Coleção Retratos do Brasil

1. *Cartas Chilenas* — Tomás Antônio Gonzaga
   org. Joaci Pereira Furtado
2. *Apontamentos de Viagem* — J. A. Leite Moraes
   org. Antonio Candido
3. *Jornal de Timon* — João Francisco Lisboa
   org. José Murilo de Carvalho
4. *Memórias do Sobrinho de Meu Tio*
   — Joaquim Manuel de Macedo
   org. Flora Süssekind
5. *O Carapuceiro* — Pe. Lopes Gama
   org. Evaldo Cabral de Mello
6. *Glaura* — Silva Alvarenga
   org. Fábio Lucas
7. *Vossa Insolência* — Olavo Bilac
   org. Antonio Dimas
8. *Retrato do Brasil* — Paulo Prado
   org. Carlos Augusto Calil
9. *A Retirada da Laguna* — Alfredo d'Escragnolle-Taunay
   org. Sergio Medeiros
10. *Confissões da Bahia* — Santo Ofício da Inquisição de Lisboa
    org. Ronaldo Vainfas
11. *A Alma Encantadora das Ruas* — João do Rio
    org. Raúl Antelo
12. *Código do Bom-Tom* — J. I. Roquette
    org. Lilia Moritz Schwarcz
13. *Projetos para o Brasil* — José Bonifácio de Andrada e Silva
    org. Miriam Dolhnikoff
14. *Diário Íntimo* — José Vieira Couto de Magalhães
    org. Maria Helena P. T. Machado
15. *Monstros e monstrengos do Brasil* — Afonso de E.-Taunay
    org. Mary Del Priore

Afonso d'Escragnolle-Taunay

Monstros e Monstrengos do Brasil

Ensaio sobre a zoologia fantástica brasileira nos séculos XVII e XVIII

ORGANIZAÇÃO:
Mary Del Priore

COMPANHIA DAS LETRAS

Projeto gráfico e capa:
Victor Burton

Preparação:
Ângelo Stefanovits

Revisão:
Ana Maria Barbosa
Ana Maria Alvares

Dados Internacionais de Catalogação na Publicação (CIP)
(Câmara Brasileira do Livro, SP, Brasil)

Taunay, Afonso d'Escragnolle, 1876-1958.
Monstros e monstrengos do Brasil : ensaio sobre a zoologia fantástica brasileira nos séculos XVII e XVIII / Afonso d'Escragnolle Taunay ; organização Mary Del Priore. — São Paulo : Companhia das Letras, 1998.

ISBN 85-7164-792-5

1. Animais míticos - Brasil 2. animais míticos na literatura 3. Brasil - História - Período colonial 4. Monstros - Brasil 5. Monstros na literatura 6. Taunay, Afonso d'Escragnolle, 1876-1958 I. Del Priore, Mary. II. Título.

98-4608 CDD-869.909375

Índices para catálogo sistemático:
1. Animais imaginários : Literatura brasileira : História e crítica 869.909375
2. Monstros : Literatura brasileira : História e crítica 869.909375
3. Zoologia fantástica : Literatura brasileira : História e crítica 869.909375

1998

EDITORA SCHWARCZ LTDA.
Rua Bandeira Paulista, 702, cj. 72
04532-002 — São Paulo — SP
Telefone: (011) 866-0801
Fax: (011) 866-0814
e-mail: coletras@mtecnetsp.com.br

ÍNDICE

INTRODUÇÃO

Afonso d'Escragnolle-Taunay nasceu em Santa Catarina a 11 de julho de 1876 e faleceu em São Paulo a 20 de março de 1958.[1] Sua história começa com a de sua família, que veio da França para o Brasil em 1816, integrando a Missão Francesa, grupo de professores contratados pelo governo d. João VI para a Escola Nacional de Belas-Artes, da qual foram fundadores. As circunstâncias dessa viagem foram peculiares: a situação de numerosos artistas simpatizantes do regime bonapartista ficara muito fragilizada com a queda de Napoleão e a restauração da Casa de

[1] Quase todos os dados sobre Afonso de Taunay que figuram nesta introdução, na cronologia e na bibliografia foram extraídos de Odilon Nogueira de Matos, *Afonso de Taunay, historiador de São Paulo e do Bra-*

Bourbon. O conde da Barca, então sediado na França, viu que o momento era propício para convidar a emigrar não apenas a família de Nicolau Antônio Taunay, bisavô de nosso autor, como também outros artistas, entre os quais figuravam Debret, Lebreton, Ferrez, Grandjean de Montigny.

Nicolau Taunay, que já tinha renome e telas espalhadas em museus europeus, mudou-se para o Brasil com seu irmão Augusto Maria e os cinco filhos, Augusto Carlos, Hipólito, Félix Emílio, Teodoro e Adriano. Este último pereceu tragicamente. Integrante da famosa expedição Langsdorff, patrocinada, em 1828, pelo czar Nicolau I da Rússia, Adriano afogou-se nas águas do rio Guaporé, em Mato Grosso.

Os anos de instalação no Brasil foram penosos. Divididos tanto por picuinhas e mexericos, sobretudo os alimentados pelo difícil Lebreton, como pelas dificuldades aqui

---

sil — Perfil biográfico e ensaio bibliográfico, publicado em 1977 pela Coleção Museu Paulista, Série Ensaios, vol. 1. Sou profundamente grata a Odilon Nogueira de Matos, que me recebeu com rara generosidade e espírito de cooperação, fornecendo-me os dados de que dispõe sobre Taunay, historiador hoje esquecido de quem é o principal estudioso. Agradeço, também, ao sr. Dorival Pegoraro Jr., assistente da diretoria do Museu Paulista, pela gentileza com que me facultou rápido acesso à obra, hoje rara, de Odilon Nogueira de Matos.

encontradas depois do falecimento do conde da Barca, os franceses ficaram à mercê de problemas materiais e idiossincrasias.[2] Alguns deles, como Debret e Montigny, logo começaram a trabalhar por conta própria; o primeiro produzindo, como se sabe, um dos melhores documentários que existem sobre a vida cotidiana no Brasil oitocentista. Em 1819, depois do falecimento de Lebreton, o velho Taunay voltou para Paris, acompanhado pela mulher e o filho Hipólito. Com os outros três irmãos, aqui ficou Félix Emílio, substituindo o pai na cadeira de pintura da Escola de Belas-Artes. Grande humanista, tornou-se professor de d. Pedro II, casou-se com a filha do conde de Escragnolle, nobre francês que veio para o Rio de Janeiro no tempo de d. João VI, e passou a participar ativamente da vida cultural. Sua energia intelectual incentivou traduções de obras didáticas francesas para os alunos daquela escola, animou a fundação, em 1838, do Instituto Histórico e Geográfico Brasileiro e fê-lo merecedor do título de barão de Taunay.

---

[2] Sobre esse assunto, Nogueira de Matos sugere a leitura da conferência feita por Taunay na Faculdade de Filosofia de São Bento em 1912, intitulada "A missão artística de 1816 e o meio colonial fluminense".

Seu filho Alfredo, futuro visconde de Taunay, nascido em 1843, tornou-se uma figura de projeção nacional, sobressaindo no mundo político, militar e literário. Muito jovem, participou da Guerra do Paraguai na malograda expedição ao Mato Grosso, cuja terrível experiência ele narrou no célebre *A Retirada da Laguna*. Na fase final da guerra, voltou ao campo de batalha sob as ordens do conde d'Eu. Mais tarde, escreveu *Inocência*, talvez o primeiro romance nacional a ser traduzido para o francês, inglês, alemão e espanhol. Escritor prolífico, publicou obras de vária natureza, inclusive o romance *O Encilhamento*, no qual descreveu esse atribulado período, caracterizado pela febre de negócios e pela especulação financeira. Foi também um dos fundadores da Academia Brasileira de Letras. Durante o Segundo Reinado foi deputado-geral, presidente de duas províncias, Santa Catarina e Paraná, e, posteriormente, senador do Império. Apesar de pertencer ao Partido Conservador, defendeu idéias inovadoras, como o trabalho livre, a naturalização em massa, o casamento civil, a imigração. A deputação por Goiás permitiu-lhe escrever excelentes ensaios sobre essa província, até então pouco conhecida dos moradores das cidades litorâneas. A vida política do Império foi por ele retratada em ensaios posteriormente reunidos por seu filho em obras como *Reminiscências*, *Homens e coisas do Império*, *Servidores ilustres do Brasil*. Com o advento da República, o visconde de Taunay retirou-se da vida política e dedicou-se apenas às atividades literárias, inclusive escrevendo em defesa do imperador deposto a quem dedicava profunda afeição. Faleceu em 1899.

Foi em 1876, quando exercia o cargo de presidente da província de Santa Catarina, que seu filho nasceu. Afonso de Taunay veio ao mundo em Desterro, cidade portuária pequena mas de grande atividade comercial, com uma próspera classe de comerciantes, armadores e agenciadores de navios.[3] Contudo, o pequeno Afonso não viveu nem metade do primeiro ano de vida em Desterro, pois já em janeiro de 1877 seu pai deixava a presidência da província para instalar-se no Rio de Janeiro, de onde nunca mais saiu, salvo quando presidiu por oito meses a província do Paraná.

[3] Vale lembrar que, anos após o nascimento de Afonso de Taunay, no momento da Proclamação da República, Desterro, diferentemente de outras capitais do sul do Brasil, estava passando por um processo de decadência econômica. A mudança do regime político ensejou o remanejamento da elite e o acirramento de conflitos que desembocaram na Revolução Federalista, quando a cidade passou a se chamar Florianópolis.

Foi, pois, na antiga corte, depois Distrito Federal, que Afonso cresceu, fez o curso secundário no Colégio Pedro II e em 1900 se formou em engenharia civil, pela Escola Politécnica. A opção deve ter sido influência do pai, engenheiro militar.

Do Rio, Afonso mudou-se para São Paulo, atendendo ao convite de seu tio Antônio Carlos da Silva Teles, professor na recém-fundada Escola Politécnica. Casou-se com Sara de Sousa Queirós, sua companheira de toda a vida, e só saiu de São Paulo para viagens. Em 1917, Afonso lecionava na Escola Politécnica quando foi designado para dirigir, "em comissão", o Museu Paulista, tendo sido efetivado como diretor em 1923. Além de artigos para periódicos de circulação restrita, sua primeira obra de impacto foi o *Léxico de termos técnicos e científicos*, publicado pela Escola Politécnica no anuário correspondente ao ano de 1909 e revelador do interesse por estudos lexicográficos, que sempre o acompanharia. Em 1910, a simpatia pela história aparece em *Crônica do tempo dos Filipes* (título modificado na segunda edição para *Leonor de Ávila. A crônica do tempo dos Filipes*), que lhe assegurou o ingresso, em 1911, no Instituto Histórico e Geográfico Brasileiro. Em artigo sobre Taunay, Luís Cintra do Prado sublinha que essa passagem de homem de exatas para homem de letras fez-se muito lentamente.[4] A atenção simultânea aos textos de história e às aulas de física durou por mais de dez anos, nos quais Taunay publicou ensaios memoráveis, como *A missão artística de 1816*, *Na era das bandeiras*, "Pedro Taques e seu tempo", e os dois primeiros volumes da *História de São Paulo*, obra que só finalizou em 1954. Membro do Instituto Histórico e Geográfico de São Paulo a partir de 1911, passou nesse mesmo ano a colaborar para a sua revista com artigos importantes sobre os viajantes estrangeiros que escreveram sobre o Brasil. O volume XIII, por exemplo, publicado em 1911, trouxe um extrato das observações e andanças feitas no século XVII por Pyrard de Lavall. Odilon Nogueira de Matos assinala que a fecunda contribuição de Afonso de Taunay ao instituto se comprova pelos discursos de recepção a novos sócios, como Oliveira Lima e Alberto Rangel, pelos estudos sobre frei Gaspar e João Ramalho, entre outros personagens, e, finalmente, pela série intitulada *Antiqualhas de São Paulo*.

---

[4] Artigo publicado no *Digesto Econômico*, maio-jun. 1958. Apud Nogueira de Matos, op. cit.

O mesmo biógrafo e amigo lembra bem que algumas razões devem ter empurrado o nosso autor para a história. Em primeiro lugar, a influência de professores como Alfredo Moreira Pinto ou Capistrano de Abreu, ambos grandes incentivadores de suas pesquisas nesses domínios. O primeiro sugeria-lhe temas, o segundo passava-lhe pitos pelo caráter um tanto literário ou romanesco de seus textos. Outra marcante inspiração deve ter vindo de seu pai, perspicaz cronista da Guerra do Paraguai, fecundo contador de casos ocorridos durante o Segundo Reinado, memorialista e biógrafo de figuras ilustres, cujas vidas foram reunidas nos já mencionados volumes. Acrescentem-se as sugestões do ambiente familiar com seus documentos de família, a tradição do bisavô, o interesse pela Missão Francesa, uma generosa biblioteca. Tudo isso serviu, certamente, de estímulo para uma guinada na vida de nosso autor, faltando lembrar a saudável influência do Instituto Histórico e Geográfico de São Paulo, a simpatia dos colegas, a efervescência intelectual da época. Outra razão: a publicação, pelo governo do estado, da documentação até então adormecida nos arquivos paulistas. Coube a Washington Luís, ele mesmo um frustrado historiador que a política roubara aos velhos documentos, a decisão de fazer inventariar, organizar e editar uma enorme massa documental que até hoje serve aos pesquisadores. Taunay foi grandemente beneficiado por essa ajuda, sem a qual não teriam sido possíveis os primeiros livros, *São Paulo nos primeiros anos* e *São Paulo no século XVI*. *Last, but not least*, contou, e muito, a nomeação para dirigir o Museu Paulista, em 1917.

Ao designá-lo para tal função, Altino Arantes, então presidente do estado, deu-lhe todas as condições para abraçar definitivamente a pesquisa histórica. Mas Taunay fez muito mais do que converter-se em historiador. Ele transformou um museu antes dedicado às ciências naturais num museu de história. Criou, para isso, uma biblioteca especializada, complementou as obras do edifício e seu ajardinamento, enriqueceu as galerias com quadros históricos, "deu um caráter grandioso e evocador do bandeirismo ao peristilo e à majestosa escadaria que ascende ao andar superior",[5] decorou o vestíbulo com a iconografia dos bandeirantes paulistas e com o retrato dos grandes personagens da Independência, ornamentou o salão de honra em homenagem ao Sete de Setembro, pendurando-lhe à parede o famoso quadro de Pedro Américo, *O Grito do Ipiranga*, e or-

[5] Nogueira de Matos, op. cit., p. 32.

ganizou uma sala dedicada às monções, na qual instalou *A partida da monção*, de Almeida Júnior. Outra iniciativa fundamental de Taunay foi criar um periódico voltado exclusivamente para a história. Surgiram, assim, os *Anais do Museu Paulista*, enquanto a *Revista do Museu Paulista* continuava dedicada às ciências naturais. O primeiro volume dos *Anais*, publicado em 1922, teve caráter comemorativo do Centenário da Independência. Nele encontram-se vários artigos de sua lavra, como "Pedro Taques e seu tempo", "Sob el-rei Nosso Senhor" e "Um grande bandeirante: Bartolomeu Pais de Abreu", além de volumosa documentação sobre o bandeirismo, procedente do arquivo hispano-americano de Simancas.

Taunay foi revolucionário na maneira de dirigir o Museu Paulista. Dotou-o de um centro de estudos, de excelentes livros e de um arquivo reunindo documentos relativos ao bandeirismo e aos primórdios paulistanos. Segundo ainda seu biógrafo, ele fez dos *Anais do Museu Paulista* um excelente veículo para a divulgação de tudo o que acontecia neste verdadeiro laboratório em que se transformara a instituição. Durante sua longa gestão, conseguiu editar doze volumes. Até o V, os *Anais* dividem-se em duas partes, uma contendo artigos de sua autoria e outra reproduzindo documentos fundamentais para a compreensão da história de São Paulo. Do volume VI ao volume XII, os *Anais* são inteiramente ocupados por trabalhos de Taunay. É o caso, por exemplo, de *A história da cidade de São Paulo no século XVIII* — no VI — e dos números VIII e XIX, abrigando a reedição ampliada de trabalhos sobre Bartolomeu de Gusmão.

A sua relação com os estudos históricos explicita-se também no vínculo com a Faculdade de Filosofia e Letras, instituição livre, criada pelos beneditinos, em cujo colégio, o Ginásio de São Bento, ele ensinava essa matéria. "Os princípios gerais da moderna crítica histórica" foi o título da conferência inaugural no seu curso na faculdade. Sublinhe-se que a ligação de Taunay com os beneditinos valeu um volume sobre os três séculos de existência do mosteiro, publicado em 1927. Em 1935 foi contratado como professor de História da Civilização Brasileira da Faculdade de Filosofia, Ciências e Letras da Universidade de São Paulo, recém-fundada. Ocupou a cadeira até 1938, tendo contribuído para formar o primeiro grupo de historiadores dessa instituição.

Taunay sempre teve o cuidado de prestigiar a *Revista do Museu Paulista*, em que publicou relatórios sobre as atividades do próprio museu, necrológios de naturalistas ou colegas pesquisadores ligados à mesma instituição, trabalhos sobre sua querida lexicografia (como "A terminologia científica dos grandes dicionários portugueses"), a primeira monografia sobre o pioneiro da ciência em São Paulo, Diogo de Toledo Lara e Ordonhez e, finalmente, este interessante *Monstros e monstrengos do Brasil*, curto ensaio que veio complementar o livro lançado um pouco antes pela editora Melhoramentos — *Zoologia fantástica do Brasil* —, no qual reuniu tudo o que encontrara de fantástico sobre nossa fauna.[6]

Em ambas as obras, o Taunay pesquisador, historiador e romancista escalou infatigavelmente os territórios do fantástico, transformando o imaginário sobre o Brasil em instrumento superior de conhecimento. Mas, longe de afastá-lo da realidade, os artifícios do maravilhoso permitiram-lhe captar melhor a condição humana e a situação histórica de seu país. Assim, as *mirabilia* desenhadas por cronistas e viajantes na Colônia, em vez de fazerem-no evadir-se do real, estimularam-no (e estimulam a nós, leitores, hoje) a penetrar melhor as condições históricas nas quais esses relatos foram feitos.

[6] Idem, ibidem, p. 37.

Escrito com entusiasmo e uma forte dose de vibração pessoal, o texto das duas obras parece feito para dar prazer ao leitor. Sem desejar, Taunay concebeu uma máquina de sonhos que nos permite estudar a função do medo nas sociedades do passado. A pergunta que fica, ao longo da leitura, é a seguinte: o que o terá arrancado do estudo dos bandeirantes e de uma história em que predominavam personagens e datas, para imergi-lo no campo do imaginário e das mentalidades? Ora, todo escritor se define por uma dupla polaridade, constituída, de um lado, pelo espaço do qual nos fala, espaço feito de emoções e imagens precisas, e, de outro, pelo espaço para o qual se dirige, feito de incertezas e desejos. Sabemos bem de onde Taunay nos fala, mas não sabemos aonde ele quis chegar com esta obra. Ele próprio, num pequeno prólogo, esclarece que a sugestão partiu do colega argentino Aníbal Cardoso, autor de um curioso livro sobre *La ornitologia fantástica de los conquistadores.* Só que Afonso de Taunay, percorrendo textos dos séculos XVI, XVII e XVIII e garimpando informações extraídas de cronistas que vão de Gândavo, Staden e Léry a Flecknoe, Nieuhoff e Pedro de Arcourt e Padilha — entre outros —, estendeu a questão à fauna brasileira.

Homem de temperamento simples, habituado a tomar o bonde que partia da praça da Sé e serpenteava até a colina onde está o museu, Taunay era também um homem de cultura ímpar, capaz de surpreender alunos e colegas com sua fenomenal erudição.[7] Qual, então, o seu verdadeiro interesse por *Monstros e monstrengos*? O que teria despertado sua curiosidade para um tema que hoje é disputado pela historiografia internacional? Teria ele se deixado fascinar pela vizinhança de armários contendo deformações anatômicas ou pelos *cabinets de raretés* do museu que tanta amava? Existem talvez, em nosso entender, outras razões — além da sugestão do colega argentino — para aproximá-lo do fantástico.

Nos anos 20, ele traduziu para a Biblioteca da Adolescência, da editora Melhoramentos, três volumes: dois de Edgard Allan Poe, *Histórias esquisitas* e *Novelas extraordinárias* e um de E. T. A. Hoffmann, *Contos fantásticos*, obras mergulhadas no insólito, cuja escolha pode ter sido dele e denota interesse pela matéria. Mas, deixando de lado a crueldade e o erotismo da narrativa fantástica, nosso autor vai

[7] O livro de Nogueira de Matos permite, inclusive, conhecer aspectos do cotidiano de Taunay; op. cit., p. 40, por exemplo.

fazer terror com humor e substituir os espaços fechados pelas imensidões do Brasil. Debruçado, em busca de monstros, sobre as crônicas e os relatos de viagem a respeito do Brasil colonial, ele aborda o assunto com graça e divertimento, levando, além disso, a imaginação a se curvar ante as exigências da realidade. Para ele, portanto, os monstros e monstrengos são muitas vezes qualificados de "abusões", "frutos da credulidade de quem escreveu sobre a Colônia", "chorrilhos de imbecilidade". Sua preocupação é, o tempo todo, distinguir o verdadeiro do falso, a realidade biológica ou etnogeográfica do imaginário poético.

O que significa que, embora trafegando na área da história das mentalidades e da cultura, recém-nascida na Europa, ele está, infelizmente, longe do esforço feito nessa mesma época por historiadores franceses como Marc Bloch e Lucien Fèbvre, preocupados em captar as formas como os homens, no passado, viam e pensavam o mundo. Inclusive aquele habitado por monstros e deformações.

Mas, mesmo inserido numa outra vertente historiográfica, o passeio para o qual nos convida Taunay é representativo da importância do tema da teratologia e de como sua função, na sociedade, variou através dos tempos. Afinal, duzentos anos de fascinantes monstruosidades são visitadas por nosso autor, permitindo-nos resgatar do fundo cultural luso-americano, entre os séculos XVI e XVIII, as estruturas mentais segundo as quais se concebiam monstros e sua diferença. O importante é, contudo, perceber que as imagens literárias por ele recolhidas, além de sobreviver no interior de determinados sistemas de pensamento, sempre resumiram as tendências de certas correntes de idéias, estabelecendo a continuidade de uma tradição de *mirabilias*.

Em *Monstros e monstrengos* tem-se a impressão de que as referências à deformidade parecem querer louvar a energia e a criatividade daqueles que passaram, ou viveram, sob nosso sol tropical. Mas esse manual de horrores que teriam assombrado a imaginação dos colonos da Terra de Santa Cruz revela-nos, também, que naqueles tempos o monstruoso não significava apenas uma maneira de utilizar o arsenal tradicional do fantástico para "ter medo", mas podia representar uma forma de dar conta da crueldade do mundo colonial e do desconforto de viver nele.

Se no passado as matas e bichos tropicais serviam para que os colonos projetassem suas angústias seculares em deformações monstruosas, a pesquisa feita por Taunay nos permite decriptar que sentidos tais deformações escondiam ou que segredos elas guardavam para aqueles que as criaram, ou para aqueles que foram por elas hipnotizados. Enfim, ao cantar o sofrimento de alguns monstros, Taunay parece querer redescobrir as alegrias modestas mas nunca desprezíveis de nossa própria existência.

CRONOLOGIA[1]

1816 A família Taunay chega ao Brasil.

1843 Nasce o pai de Afonso de Taunay, Alfredo d'Escragnolle-Taunay.

1876 Nasce a 11 de julho, em Desterro (atual Florianópolis, Santa Catarina), Afonso de Taunay.

1877 A família Taunay parte para o Rio de Janeiro.

1894 Afonso termina o curso secundário no Colégio Pedro II, Rio de Janeiro.

1899 É nomeado preparador de química na tradicional Escola Politécnica, da cidade de São Paulo.

1900 Forma-se engenheiro civil pela Escola Politécnica do Rio de Janeiro.

1904 Torna-se professor substituto na Escola Politécnica de São Paulo.

1909 Publica seu primeiro trabalho de vulto: *Léxico de termos técnicos e científicos*, pela Escola Politécnica de São Paulo.

[1] Para conhecer a totalidade das obras publicadas pelo autor, inclusive em revistas e separatas, remeto o leitor ao já mencionado livro de Odilon Nogueira de Matos, *Afonso de Taunay historiador de São Paulo e do Brasil — Perfil biográfico e ensaio bibliográfico*. São Paulo, Coleção Museu Paulista, Série Ensaios, vol. 1, 1977.

1910 Torna-se professor catedrático de física experimental na mesma Escola Politécnica.
Publica o romance histórico *Crônica do tempo dos Filipes*, cujo título foi modificado dezesseis anos depois, numa segunda edição, para *Leonor de Ávila — A crônica do tempo dos Filipes.*

1911 É efetivado no cargo de catedrático de física experimental na Escola Politécnica e admitido ao Instituto Histórico e Geográfico Brasileiro e ao Instituto Histórico e Geográfico de São Paulo.

1916 Publica, pela Imprensa Nacional, *Nicolau Antônio Taunay — Documentos sobre a sua vida e sua obra.*

1917 É indicado por Altino Arantes, então presidente do estado de São Paulo, para dirigir, "em comissão", o Museu Paulista.

1920 Publica *A glória das monções* (São Paulo, Casa Editora O livro).

1923 É efetivado na função de diretor do Museu Paulista.

1921 Publica *São Paulo no século XVI* (Tours, E. Arrault et Cie).

1922 Publica *Grandes vultos da Independência brasileira* (São Paulo, Melhoramentos).

1924 Publica *Non ducor, duco* (São Paulo, Tipografia Ideal).

1925 Publica *Rio de Janeiro de antanho* (Imprensa Nacional).

1926 Publica *Índios! Ouro! Pedras!* e *Ensaio de carta geral das bandeiras paulistas* (São Paulo, Melhoramentos).

1927 Publica *História antiga da abadia de São Paulo* (São Paulo, Tipografia Ideal).

1928 Publica *Na Bahia de d. João VI* (São Paulo, Imprensa Oficial do Estado).

1929 Entra para a Academia Brasileira de Letras.

1931-51 Publica os sete volumes de *História da cidade de São Paulo no século XVIII* (São Paulo, Imprensa Oficial do Estado).

1933 Publica *Visitantes do Brasil colonial* (São Paulo, Companhia Editora Nacional).

1934 Torna-se professor de história da civilização brasileira na Faculdade de Filosofia, Ciências e Letras da Universidade de São Paulo, até 1938.

1934 Publica *Zoologia fantástica do Brasil* (São Paulo, Melhoramentos).

1935 Publica *Subsídios para a história do café no Brasil colonial* (Rio de Janeiro, Departamento Nacional do Café).

1937 Publica *Monstros e monstrengos do Brasil* (São Paulo, Imprensa Oficial do Estado).

1938-45 Inicia uma ativa colaboração no mensário *Jornal do Comércio*.

1941 Publica *Ensaios da história paulistana* (São Paulo, Imprensa Oficial do Estado).

1942 Publica *Bartolomeu de Gusmão, inventor do aeróstato* (São Paulo, Leia).

1943 Publica *Amador Bueno e outros ensaios* (São Paulo, Imprensa Oficial do Estado).

1944 Publica *Assuntos de três séculos coloniais* (São Paulo, Imprensa Oficial do Estado).

1945 Publica *Pequena história do café no Brasil* (Rio de Janeiro, Departamento Nacional do Café).

1947 Inicia publicações, que resultaram em 36 artigos, no *Digesto Econômico*, órgão da Associação Comercial de São Paulo, tratando dos mais diversos assuntos: a crise econômico-financeira dos finais do século XVIII, a primeira casa da moeda, o problema do sal, o Encilhamento etc. Essas publicações encerram-se em 1958.

1948 Publica *A Guerra dos Emboabas* (São Paulo, Imprensa Oficial do Estado).

1950 Publica *Os primeiros anos de Goiás* (São Paulo, Imprensa Oficial do Estado).

1953 Publica *Relatos sertanistas*, na série Biblioteca Histórica Paulista, vol. VII (São Paulo, Editora Martins).

1954 Publica *História da cidade de São Paulo* (São Paulo, Melhoramentos).

1955 Publica *Comemoração do bicentenário do nascimento de Nicolau Antônio Taunay* (Rio de Janeiro, Escola Nacional de Belas-Artes).

1956 Publica *História colonial da cidade de São Paulo no século XIX*, pela Divisão do Arquivo Histórico, e, entre 1956 e 1977, os três volumes de *História da cidade de São Paulo sob o Império*.

1958 Falece a 20 de março.

Monstros e monstrengos do Brasil

Nau do século XVI cercada por peixes monstruosos

Nota do autor

Publicamos em 1934, em edição da Companhia Melhoramentos de São Paulo, a primeira série destes despretensiosos ensaios condensando informes respigados em nossos velhos cronistas. Subordinamo-los ao título de *Zoologia fantástica do Brasil*.

Sugeriram-nos tal idéia estudos similares realizados na Argentina pelo erudito dr. Aníbal Cardoso. Muito incompleto se apresenta o nosso tentame; apenas exploramos o volumes mais conhecidos da bibliografia brasileira. Há muito ainda em que aprofundar tal assunto. O que aí fica feito servirá quiçá de incitamento a trabalhadores mais persistentes desta mesma seara curiosa e pitoresca.

São Paulo, 12 de setembro de 1936.

Afonso de E.-Taunay

Thevet, *Singularidades da França Antártica*

1
Os "Diálogos das grandezas do Brasil"
Erudita e trabalhosa exegese

Grande benemerência a de Afrânio Peixoto![1] Quanto lhe não deve o tradicionalismo brasileiro!

Quem ignora o que representa esta já magnífica coleção, a Biblioteca de Cultura Nacional da Academia Brasileira, tão justamente crismada Coleção Afrânio Peixoto, por proposta de alguém que a julgou à moda dos juízes de Berlim: Fernando Magalhães?[2]

[1] Médico e escritor brasileiro nascido em Lençóis, Bahia, em 1876, e falecido no Rio de Janeiro, em 1947. Autor de obras de medicina legal, higiene, pedagogia, crítica literária, além de vários romances. Foi eleito em 1908 para a Academia Brasileira de Letras e teve suas obras literárias completas publicadas em 1944.

[2] O autor compara Fernando Magalhães, médico, membro e presidente da Academia de Letras, aos juízes berlinenses, tidos na época por ir-

Mais de uma dezena de volumes soberbos se alinham nesta estante brasílica de inestimável valor.

A ela vamos recorrer haurindo subsídios para o estudo à *vol d'oiseau* sobre a zoologia fantástica do Brasil, que iniciamos descuidosamente e hoje nos coage a ir muito mais longe do que esperávamos, receoso agora de não realizar obra por demais incompleta.

Também, *nul plaisir sans peine*... o assunto é pitoresco. Recorramos neste momento aos misteriosos *Diálogos das grandezas do Brasil*, que o incansável Afrânio ofereceu ao nosso público, pela primeira vez reunidos em livro. E precedidos e acompanhados de introdução magistral e notas magistrais.

Prefaciador: Capistrano;[3] anotador: Rodolfo Garcia.[4] Será preciso acrescentar o que quer que seja?

reprocháveis. O ditado que definia a exemplaridade dos magistrados alemães era: "Ainda há juízes em Berlim!".

[3] O autor refere-se a João Capistrano Honório de Abreu, um dos maiores historiadores brasileiros. Nascido em Maranguape, Ceará, em 1853, e falecido no Rio de Janeiro, em 1927, iniciou fecunda atividade jornalística no final da década de 70, momento em que se transferiu para o Rio de Janeiro. Funcionário da Biblioteca Nacional e professor de his-

Três séculos esperaram os *Diálogos* pela ressurreição livresca. *De profundis* clamava o seu ignoto autor por esta justiça, e ao seu clamor se juntaram o de Varhagem[5] e o de Capistrano.

De déu em déu andaram os seus originais, que em 1848 vieram "ao lume da imprensa" — como se diria em estilo do cronista —, no *Íris* de José Feliciano de Castilho. Reapareceram no *Jornal de Recife*, em 1877, graças a Varhagem.

tória do Brasil no Colégio Pedro II, escreveu obras notáveis e fixou textos dos cronistas coloniais como Nóbrega, Antonil, Ambrósio Fernandes Brandão, entre outros.

[4] Rodolfo Augusto de Amorim Garcia nasceu em Ceará-Mirim, no Rio Grande do Norte, e faleceu no Rio de Janeiro, em 1949. Foi grande lingüista e historiador; dirigiu o Museu Histórico Nacional e a Biblioteca Nacional do Rio de Janeiro, tendo publicado vários estudos na *Revista do Instituto Histórico e Geográfico Brasileiro*, além de ter editado os textos dos primeiros cronistas que escreveram sobre o Brasil, como Cardim e frei Vicente do Salvador.

[5] O autor refere-se a Francisco Adolfo de Varhagem, nascido em 1816 em São João do Ipanema, perto de Sorocaba, São Paulo, e falecido em 1878. Filho de um engenheiro alemão vindo de Portugal para agilizar o funcionamento da fundição de ferro de Ipanema, em São Paulo, foi barão e visconde de Porto Seguro e autor da enciclopédica *História geral do Brasil*.

E afinal surgiram na inachável *Revista do Instituto Arqueológico Pernambucano*, aos pedaços, aos pedacinhos, de 1883 a 1887!

Publicação rara e inacessível esta *Revista*! Seria no entanto tão fácil reeditar-lhe os números da primeira série: minúsculos fascículos em geral! Foi o que levou Capistrano em 1900 a reproduzir no *Diário Oficial* da União os *Diálogos*.

Vinte e sete anos debalde esperou-lhes o mestre cearense a edição em volume. Colheu-o a morte antes que a Academia Brasileira publicasse o seu belo volume, impresso em 1930.

Explica-o Afrânio Peixoto:

> Quando, em 1923, a Academia Brasileira intentou as suas publicações, entendemos não nos contentar com os acadêmicos e recorrer a sábios colaboradores de fora, também interessados nessa obra. Capistrano foi o primeiro lembrado e os *Diálogos* logo por ele indicados à nossa diligência, oferecendo-nos o texto reunido e o segundo dos seus artigos, por prefácio.
>
> Como para o *Tratado* e a *História* de Gândavo, e os *Tratados* de Cardim, ficariam os *Diálogos*, por indicação sua, a cargo de Rodolfo Garcia, seu prestante e assíduo colaborador, e o mais amado dos seus discípulos.

Cumpre-se agora, inteira, a vontade de Capistrano. Cumpre-se o longo desejo de Varhagem. O discípulo e indicado colaborador dos dois, deu-nos colaboração de mestre, em notas exemplares. Uma trindade benemérita de nossa historiografia — Varhagem, Capistrano, Garcia — apraz-nos repetir — uma vez ainda, e não será a última — se reúne nestas páginas que bem servem à nossa cultura.

O prefácio do mestre cearense é daqueles quadros que nos encantam pela riqueza e variedade, profundeza e acuidade. Alega os esforços inúteis para o levantamento do anonimato autoral dos *Diálogos*. Não deve quem os compôs ter saído das terras de Pernambuco e Paraíba, capitanias onde tudo faz crer que habitasse.

E os dialogantes, quem seriam?

Quem eram Alviano e Brandônio? Por que foram escolhidos estes nomes? Conterão algum anagrama? Nem uma resposta se pode formular.

Parecem antes personagens simbólicos: um representa o reinol vindo de pouco, impressionado apenas pela falta de comodidade da terra; o segundo é o povoador, que desde 1583 imigrou, e, com as interrupções de várias viagens além-mar, ainda aqui estava em 1618, data da composição do livro. Tão abstratos os personagens, que às vezes saem dos lábios de um palavras que melhor condiriam nos do outro.

A conversação irrompe sem preparo, à vista de uma lanugem de *monguba*, passa aos motivos por que a terra é descurada, e após vários incidentes termina com a descrição sumária das diversas capitanias, desde o rio Amazonas até São Vicente; tal o objetivo do primeiro diálogo. O segundo começa por uma discussão mais erudita que interessante sobre a zona tórrida e sua inabitabilidade, afirmada pelos antigos filósofos, desmentida pela experiência; explica por que, apesar de negros e americanos morarem nas mesmas latitudes, aqueles têm a pele negra e o cabelo carapinhado,[6] ao contrário destes, cuja epiderme é baça e cuja cabeleira é lisa; explora a origem dos americanos, exalta as excelências do clima, enumera as poucas moléstias vigentes no Brasil.

O terceiro estuda as quatro fontes de riqueza do Brasil: lavoura de açúcar, mercancia em geral, o trato do pau-brasil em particular, os algodões e madeiras. O quarto expõe a riqueza

[6] Atribui-se a Hipócrates e a Ptolomeu a teoria de repartição geográfica das características humanas, bem aproveitada por vários cronistas e viajantes modernos. Segundo essa teoria, difundida graças a autores medievais, haveria uma ligação entre a incidência solar (eclíptica) e as particularidades morfológicas dos povos.

que se pode angariar com o comércio de mantimentos e fala do mel, do vinho, do azeite, da tinta contida nas árvores indígenas e descreve ligeiros quadros da vida vegetal.

O quinto enumera os animais, subordinados aos três elementos em que vivem: ar, água e terra; do elemento mais alevantado, do fogo, não trata, diz Brandônio, "porque de todo o tenho por estéril, que a salamandra,[7] que se diz cria-se nele, entendo por fabulosa, porque, quando as houvera, nas fornalhas dos engenhos de fazer açúcares do Brasil, que sempre ardem em fogo vivo, se deveram de achar".

O último diálogo refere no princípio os costumes dos portugueses, porém a maior parte é consagrada à descrição dos índios, com que termina a obra.

Refutando uma hipótese de Varhagem, expõe Capistrano as suas razões para supor o autor português, oriundo do

[7] Presente nos bestiários medievais, a salamandra — do latim *stellion* — apresentava-se como um multicolorido lagarto imune ao fogo e capaz de apagá-lo. Dona de um veneno mortal, abatia homens, envenenava a água na qual se banhava e as árvores frutíferas nas quais se escondia. No *Bestiário divino*, escrito entre 1210 e 1211 pelo clérigo normando Guilherme, a salamandra representava os "homens de Deus", como Ananias, Misael e Azarias, que, jogados à fornalha ardente, não se queimaram, apagando o fogo com sua fé.

Reino. Devia além de tudo ser homem de elevada instrução para o seu tempo:

> Não era um espírito simplesmente contemplativo, ocupava-o o lado prático, a aplicação possível. A larga navegabilidade do Amazonas suscita a idéia de aproveitá-la para as comunicações com o Peru; à existência de aves rapineiras, lembra a caça de altanaria; mesmo a secreção mefítica da jaritataca antolha-se aproveitável na ordem militar; fazia ou mandava fazer experiência por conta própria, preparou anil para mostrar que a terra podia dar do melhor, fez examinar em Portugal uma espécie de madeira que lhe pareceu própria ao preparo da tinta de escrever.

Como seus contemporâneos, tinha uma veia de credulidade, fala em palavras fortes de encantamento; avisa que os pajés dos índios não são legítimos feiticeiros; sobre certos ani-

[8] Substância sólida, parda ou preta, de cheiro almiscarado, proveniente do intestino do cachalote. No passado, a dita concreção despertou toda a sorte de hipóteses: Plínio dizia que se extraía o âmbar "da medula dos pinheiros". No século XVI, o grande botânico André Cesalpini dizia que o âmbar era uma pedra preciosa, espécie de enxofre natural, vomitado pelas fontes subaquáticas ou expelido das entranhas da terra. Nem mesmo o francês Buffon, em pleno século XVIII, sabia se o âmbar era um "betume" de origem animal ou "mineral".

mais e mariscos, adianta afirmações bem singulares; mas era um espírito aberto aos fatos novos; nas últimas páginas ainda apresenta um fato a favor da origem vegetal do âmbar,[8] geralmente contestada naquele tempo: a credulidade para ele era o princípio da crítica e da sabedoria.

Era finalmente um escritor colorido, enérgico, veemente, capaz de atingir a eloqüência: a frase sai às vezes retorcida para acompanhar o vibrante da sensação; a força vegetativa do Novo Mundo sobretudo agitava-o vivamente.

Esplêndida a sinopse da vida quinhentista brasileira que os *Diálogos* nos inculcam, alega Capistrano com a maior propriedade e profundeza de análise.

E ao terminar inculca dois rastros novos para o levantamento do anonimato do autor. Não fora ele o fixador da misteriosa figura de Antonil.

Aventa a hipótese de ser o autor dos *Diálogos* um dos escrivães de Bento Dias de Santiago, residente no Brasil desde 1565, contratador dos dízimos de açúcar,[9] em Pernam-

---

[9] Encarregado da cobrança de impostos sobre o açúcar. Cargo criado pela Coroa portuguesa, que, por não possuir um corpo de funcionários bem equipado para atividades de fiscalização, leiloava o direito de arrecadação de impostos sobre um produto determinado. Como o contratador

buco, sete vezes, de 1576 a 1585, e recorda que pode muito bem ter sido certo Ambrósio Ferreira Brandão, a quem se refere frei Vicente do Salvador e o texto de uma sesmaria descoberta por Irineu Joffily.

Veio Garcia comprovar com uma indicação das *Denunciações do Santo Ofício*[10] o que era a perspicácia do mestre autor dos *Capítulos de história colonial*:

> Que Ambrósio Fernandes Brandão foi, como previu Capistrano, um dos feitores ou escrivães de Bento Dias de Santiago, veio confirmar a denunciação do padre Francisco Pinto Doutel, vigário de São Lourenço perante a mesa do Santo Ofício, na Bahia, a 3 de outubro de 1591, em que, como tal, foi qualificado.
>
> Outro foi Nuno Álvares, incluído na mesma denunciação. Eram ambos cristãos-novos,[11] ambos acusados de freqüenta-

costumava arrematar, em leilão, o seu cargo, acabava por cobrar impostos em demasia, na tentativa de ressarcir-se de seu investimento. Daí o grande número de reclamações contra os contratadores.

[10] Ato de revelar fatos relativos a uma terceira pessoa ao visitador dos bispados, nomeado pelo inquisidor-geral do Tribunal do Santo Ofício da Inquisição.

[11] Nome dado aos judeus convertidos e seus descendentes, na Península Ibérica, desde que d. Manuel, o Venturoso, em 1496, viu-se obriga-

rem a esnoga de Camaragibe,[12] blasfemos e hereges, que trabalhavam e faziam trabalhar aos domingos e dias santos. Eram, portanto, correligionários, exerciam cargos idênticos e deviam ser amigos.

Assim, se Ambrósio Fernandes Brandão é o interlocutor Brandônio, como está admitido, o inteligente leitor destas linhas será levado a concluir sem maior esforço que o outro interlocutor, Alviano, bem pode ser Nuno Álvares.

Ao *Diálogo quinto*, consagrado à zoologia brasílica, acompanham, como aos demais capítulos, as notas magníficas de Garcia.

---

do por pressão da monarquia espanhola a assinar o decreto de expulsão dos judeus de Portugal. Para evitar os prejuízos econômicos que a saída em massa dos judeus traria ao reino, d. Manuel tentou dificultá-la induzindo-os à conversão. Os convertidos, chamados então "cristãos novos" eram muito malvistos pelos "cristãos velhos", cristãos de tradição, não contaminados pelas "raças impuras".

[12] Quando da invasão holandesa a Recife, em 1630, assistiu-se à imigração de famílias israelitas para a Colônia. Instaladas num velho mercado e numa rua chamada Jodenstraat (rua dos Judeus), logo fizeram construir, entre 1640 e 1641, a sinagoga da comunidade Zur Israel. O capitão Nicolau Aranha Pacheco, que viu a sinagoga em 1644, descreveu-a como uma casa com muitas janelas e com o andar térreo ocupado por duas lojas. No andar de cima, uma ampla sala mobiliada tinha utilização religiosa.

Respiguemos nos *Diálogos* o que pode servir de achegas ao nosso escopo.

Assim se exprime um dos interlocutores sobre a riqueza da fauna brasileira:

> Determinava alçar-me com a menagem de não cumprir a palavra que vos tinha dado, de vos relatar todas as grandezas do Brasil, porque, imaginando que tinha já saltado o maior barranco com haver tratado da abundância dos frutos, como por eles se faziam os moradores desta terra ricos, examinei a memória para decorar o que havia mais que dizer, e achei que fora o salto curto, e que tinha ainda por diante outros barrancos maiores e mais dificultosos a perder de vista, que são os que o dia de hoje tenho entre as mãos para haver de tratar; porque se me representam tantas aves de diversas qualidades, tantos incógnitos pescados, diferentes na natureza e forma, desconhecidos do mundo, tantas silvestres feras, estranhas nas figuras e inclinações, que requeriam grandes volumes para se haver de tratar de todas elas.
>
> Estas coisas me faziam grande carranca para me haver de retirar do prometido; mas, vendo que o não podia fazer sem ficar mal reputado, arrasei-me a passar avante, com discorrer por aquelas coisas que os elementos que rodeiam a terra do Brasil encerram dentro de si, sem tratar do mais alevantado deles, que é o fogo, porque de todo o tenho por estéril, que a salamandra,

que se diz criar-se nele, entendo por fabulosa, porque, quando as houvera, nas fornalhas dos engenhos de fazer açúcares do Brasil, que sempre ardem em fogo vivo, se deveram de achar. E como o seu consorte mais vizinho é o ar, quero começar por ele o que pretendo, que será tratar das aves, assim domésticas como agrestes, que se acham por todo este terreno.

Depois de se referir aos jacus, mutuns, inhambus, urus e colocar os jaburus e acauãs entre os galináceos (!), relata o nosso anônimo uma novidade de alto viso sobre os simpáticos e esquipáticos anus.

Pássaros sem sangue! Sem uma só gota de sangue! Pasmosa ave!

Assim afirma o nosso Brandônio: "Acham-se também pelos campos uns pássaros a que chamam anus, de uma qualidade estranha, que, além do seu canto semelhar a choro, não têm nenhum modo de sangue, nem nunca se lhes achou e são de uma cor preta tristonha".

A Brandônio, observa Alviano: "Nova coisa é para mim a natureza desse pássaro; porque nunca ouvi de outro que carecesse totalmente de sangue".

Depois de se referir a numerosas aves, algumas muito nossas conhecidas e outras inidentificáveis pela sinonímia vulgar da época, aceita o autor a versão corrente, desde séculos, da existência de papagaios[13] de plumagem artificial, circunstância fabulosa, no dizer do amigo e douto psitacólogo prof. dr. Sérgio Meira.

Diz Alviano: "Tenho visto em Portugal alguns papagaios, que se levaram de cá, de cores diferentes, mas tão compassadas que davam mostra de serem feitas à mão".

Responde-lhe Brandônio: "Assim o são; porque, para se haver de dar essas cores aos tais papagaios, os despem das penas, e na carne que, ao tirar delas, lhes fica envolta em sangue, lhe acomodam, pelas partes que querem, certas peles de rãs, que têm propriedade de lhe comunicar as tais cores".[14]

Entende Melo Leitão que este caso não é invenção de Brandônio. No norte do Brasil geralmente todos sabem o

[13] O papagaio, conhecido no século XVI como "ave do paraíso", fazia parte da fauna mítica, pois além da formosura da plumagem tinha a capacidade de imitar a voz humana, confundindo-se com as aves falantes às quais faziam alusão os velhos livros de devoção.

[14] A crença na simpatia entre partes do corpo humano e a natureza foi muito difundida até os finais do século XVIII, gozando do status de "curiosidade" entre sábios e estudiosos, como veremos mais adiante no capítulo VIII. Nele, o autor Pedro de Arcourt e Padilha discute as "simpatias e antipatias da natureza": segundo ele, doninhas e sapos se detestavam, já o elefante enternecia-se à vista de um carneiro.

que significa *papagaio contrafeito* (de que as penas verdes são arrancadas em certas regiões do corpo, nascendo, em vez delas, outras amarelas).

E recorda-nos o que se lê em Boulenger, o famoso herpetólogo, a propósito do *Dendrobates tinctorius*, cujo nome provém do emprego da secreção sumamente venenosa de certas das suas glândulas epiteliais: "Este tóxico", afirma Boulenger, "é largamente usado para tingir os papagaios verdes *Amazona*. Assim se procede: as penas verdes e azuis da cabeça e do pescoço ou de outras partes, segundo o gosto do operador, são arrancadas e os lugares de onde saem untados com o veneno e freqüentemente com o próprio sapo vivo".

Refere, depois, Brandônio, um caso interessante de luta entre o nosso grande gavião, o *Spizaetus ornatus*, o urutaurana, e um gato, em que o rapineiro levou a melhor; o felino, "nele engarrafando as unhas que a pouco espaço, abrindo o gato as mãos e as pernas, ficou morto e, quando lhe quiseram acudir, já o estava".

Dias depois o mesmo gavião matava assaz grande leitão.

Passando a tratar de outras aves (sic), fala-nos o autor das nossas borboletas!, cuja migração irresistível em grandes bandos, do sertão para o alto-mar, onde se afogam, descreve muito pitorescamente.

No nosso escopo cabe também o curioso relato pelo qual Brandônio expõe ao interlocutor quanto na ictiologia brasileira ocorriam exemplos daquele extremo amor conjugal que tanto celebriza certas aves, sobretudo os psitacídeos.

Para ele o nosso camurupim era o êmulo aquático dos periquitos australianos, intitulados "os inseparáveis". Assim dele afirma que o viu fazer "uma cousa estranha, na qual lhe havia mostrado claramente haver também amor entre os mudos nadadores".

O trecho é pitoresco. Indaga Alviano: "E que é que lhes vistes fazer para conjecturardes que havia neles amor?".

Explica Brandônio ao amigo com pormenores:

> Em uma tapagem, que estava feita em certo rio, para pescarem nela (a que nesta terra chamam gamboa), se chegaram dois peixes de semelhantes espécie, dos quais entra um para dentro, ficando o companheiro de fora; o que entrara, tapando-se-lhe a porta, ficou preso, e, com a vazante da maré, foi tomado e morto. O companheiro, ou, para melhor dizer, consorte, que tal devia ser, que ficara de fora, esteve esperando por ele todo o tempo que a maré lhe deu lugar para o poder fazer, mas tanto que as águas foram faltando, por não ficar em seco, se desviou daquela parte, e se foi, com dar primeiro algumas pancadas grandes com o rabo sobre as águas, que-

rendo mostrar com elas o sentimento que levava, e depois tornou a continuar a mesma paragem por espaço de seis ou oito dias, sempre ao tempo que a maré enchia. Como que vinha buscar o companheiro no lugar onde o perdera, e ali dava as mesmas pancadas na forma das do primeiro.

Filosofa Alviano: "Não é pequeno argumento esse para se provar que em toda coisa vivente se pode achar amor, posto que em uns em mais quantidade, e em outros em menos".

Ao camurim, o nosso robalo, do Sul, nega Brandônio que possua o cérebro ("em lugar de miolos tem pedras"). E esta afirmação causa pasmo a Alviano. "Nunca ouvira dizer de fera, ave, nem peixe, que tivesse na cabeça pedra em vez de miolo", confessa estupefato ante esta revelação do fenomenal peixe.

Era aliás ingênuo o bom Alviano, que, ouvindo o seu amigo falar da capivara, "semelhante à lontra", pergunta-lhe: "Esse animal é reputado por peixe ou por carne?", ao que o interlocutor sabido lhe explica gravemente: "Por carne se reputa porque a tem muito boa e gostosa, além de que era bom que fosse tido por carne por pastar na terra".

Refere Brandônio a crença do choco do jacaré pelos olhos e depois explica a existência do âmbar, de modo interessante.

Era esta substância o produto de umas árvores submarinas de que se apascentavam as baleias. Os pedaços que vinham dar à costa provinham dos detritos nascidos da brutalidade com que os cetáceos e certos grandes peixes gulosíssimos de tal manjar espedaçavam as árvores do âmbar.

E, documentando-se, relata o seguinte caso curioso:

> Afirmaram-me dois homens dignos de fé e crédito pelo haverem visto com o olho, que nas praias do Rio Grande, no cabo Negro, um morador da mesma capitania, por nome Diogo de Almeida, condestável da fortaleza, achara nela um pau do comprimento de um braço e quase da mesma grossura, que o mar lançara à costa, o qual tinha dois esgalhes de rama na ponta, um deles já quebrado e outro inteiro, que tinha algumas folhas secas, que semelhavam as de cipreste, e por este pau vinha pegado, ao modo que o faz a resina pelas árvores, três ou quatro onças de âmbar-gris, muito bem, que parece que no fundo das águas se criam também em árvores, da sorte daquele pau, que dão o âmbar por resina.

Reedita Brandônio uma afirmação perfeitamente rebatida em seu tempo, anota Rodolfo Garcia.

Coisa que nos parece de verdade discutível é o que afirma o autor dos *Diálogos* acerca de certas ostras do Brasil, dignas do país gulliveriano de Brobdinhak, "pois seu miolo precisava ser partido às talhadas com faca para se haver de comer".

Observa-nos Melo Leitão que alguns exemplares da nossa *Ostrea parasitica* cujas conchas são muito avantajadas têm de ser cortadas, senão às talhadas, pelo menos em alguns bocados para serem comidas.

Falando do *saramahy* conta-nos Brandônio interessantíssima particularidade deste molusco: era menstruado absolutamente como as mulheres.

Assim se refere especialmente a este marisco de "qualidade estranha".

Diferente da que tem todos os mais, porque se acha nele sangue, na forma que o têm os pescados, sem embargo de estar encerrado na sua concha, coisa de que todo outro semelhante marisco carece, e sobretudo o que mais espanta é que, nas conjunções das luas, lhe acode o mênstruo, como costuma vir às mulheres.

Entende Alviano que o amigo pretendia enganá-lo e observa-lhe: "Não ousarei eu contar isto em Portugal!".

Agastado com esta falta de confiança na sua veracidade inatacável, apela Brandônio para a opinião pública brasileira: "Pois aqui vos poderei dar em prova da verdade que trato todos os moradores deste estado; porque não o perguntareis a nenhum dos antigos da terra, que vos não assele o que tenho dito por verdadeiro".

Cético, objeta Alviano: "Não duvido que seja assim, mas eu não me quero obrigar a buscar essas provas".

E o interlocutor encerra o incidente peremptório e magistral: "Ninguém vos pode obrigar a que creiais senão o que quiserdes; mas no que digo não há dúvida".

Depois de referir o caso curioso das migrações de inumeráveis caranguejos na época do cio, como se fossem correições de formigas, trata o nosso autor das feras agrestes e domésticas (sic!).

Dessas últimas, a primeira descrita é o "netunino, ligeiro e belicoso cavalo", cujas manadas sofriam imensa devastação por parte dos africanos, os escravos de Guiné, "que os matavam sem reparo, para os haverem de comer, em qualquer parte que os achavam, e ainda aos regalados e de muito preço, furtavam das estrebarias onde estavam, para o mesmo efeito".

Gaba Brandônio a resistência pasmosa dos nossos caprinos, "vinte vezes maior do que a dos seus congêneres da Espanha", a sobriedade, a fineza etc.

Interessante é o caso por ele referido de um híbrido de

carneiro e cabra próprio do Brasil: "Deste gado, ovelhum[15] e cabrum, se forma também outra espécie da qual eu já tive e muito: a qual é uns mestiços, filhos de ovelhas e de cabrão, que representando a feição de ambos os pais tomam de um uma cousa e de outro a outra, com que se forma quase outro animal diferente na composição e são excelentes para se comerem".

Atônito, observa Alviano: "Nunca ouvi tratar dessa nova casta de animal, nascido de semelhante mistura".

Dissipa-lhe Brandônio a dúvida: "Pois aqui no Brasil os há, e tive já muitos deles, como tenho dito, pelo que não vos fique disso nenhum escrúpulo".

Esta afirmação categórica do nosso Brandônio nos levaria a cancelar-lhe a praça no regimento a que comandaria Epaminondas, não fora a afirmação positiva da veraci-

[15] Nas suas incursões à floresta do Senegal e de Gâmbia entre 1454 e 1456, o viajante italiano Cadamosto, a serviço da Coroa de Portugal, observou a ausência de ovelhas, anotando: "Por isso Deus, Nosso Senhor, proveu neste mundo a cada um segundo as suas necessidades: porquanto, nós, que vivemos no frio, sem as lãs, para viver, não podíamos estar, eles negros que nascem no calor e que não têm precisão de se vestir, Deus não lhes deu ovelhas".

dade do relato por autores do maior peso, segundo nos informa Melo Leitão.

Lembra-nos o douto zoólogo brasileiro que estes híbridos de cuja existência duvidava o bom Alviano já eram conhecidos dos romanos. Em França tal hibridação era comum e o produto da cruza era chamado *chabin*: "*Chabin* ou *chabris*, informa-nos o dicionário enciclopédico de Larousse, onde o articulista que trata do caso pende para crer que a fecundação da ovelha ou da cabra pelo bode e o carneiro seja muito rara embora teoricamente nada tenha de impossível".

Afirma ainda que o *chabin* passava por bem abundante na América, sobretudo em Cuba, São Domingos e no México.

Raillet, informa Melo Leitão, encontrou muitos *chabins* no Chile, onde eram objeto de exploração industrial devido a certas qualidades de seu couro.

Deixando as feras domésticas, passa o nosso homem, criador de híbridos, às agrestes, depois de sobre elas chamar toda a atenção do interlocutor. "E se quereis ouvir das naturezas e qualidades das alimárias que há na terra natural de cá, dai-me atenção e pode ser que vos faça arcar as sobrancelhas de espantado".

Tem o leitor decepção ao ler as notas biológicas e ecológicas de Brandônio, muito aquém do reclamo que lhes é feita.

Repete o escritor dos *Diálogos* várias abusões de outros autores, como o caso do umbigo às costas dos nossos suídeos selvagens etc.

Do modo pelo qual as varas de porcos monteses se aniquilavam por completo é que nos conta singular história:

> Vai o caçador à parte onde já tem feito certo o bando deles e ali, antes de se amostrar, escolhe uma árvore que lhe fique mais acomodada para poder subir nela, quando lhe for necessário, e como a tem preparada, mostra-se ao bando dos porcos com dar alguns brados, os quais, tanto que o sentem, arremetem a ele como leões, para o espedaçarem. O prevenido caçador se acolhe logo à árvore, onde espera que o bando dos porcos chegue a ele, que incontinenti o fazem, roendo-lhes as raízes e troncos, por não poderem chegar ao que se acolheu em cima; mas o pronto caçador, como os vê envoltos naquela braveza, não faz mais que com agudo dardo que leva nas mãos picar um dos porcos, de modo que lhe tire sangue, donde os outros, em lhe vendo correr, arrematam a morder ao que está sangrado, e ele, por se defender, morde também aos que o perseguem.

> E assim se vão dessangrando uns aos outros, enganados com o cevo do sangue que cada um de si derrama, até que travam todos uma cruel batalha, na qual se vão espedaçando com os dentes até caírem mortos, estando a tudo isto o caçador seguríssimo assentado sobre a árvore, donde com muito gosto espera o fim da contenda para colher o despojo, o que faz de muitos porcos, que no mesmo lugar ficam mortos, os quais faz levar para sua casa, donde ordena deles o que lhe parece, por ser carne de maravilhoso comer.

Entusiasmado com a descrição desta cena de coletivo suicídio porcino, suinídeo suicídio, poderíamos apelidá-lo, exclama o bom Alviano: "Aprazível e deleitosa caça, deve ser essa, por se fazer presa de tão pouco custo. Tomara eu ocupar-me sempre de semelhante exercício".

2

Ainda os "Diálogos das grandezas do Brasil"
Os préstimos bélicos do cangambá
Frei Vicente do Salvador

Do cangambá e sua fetidez largamente trata Brandônio com um exagero que atinge as raias do munchausianismo,[1] pois afirma que "um homem ou cavalo atingido pela sua ventosidade perde os sentidos por três ou quatro horas!, ficando arvoado sem dar acordo de si!".

Leiamos porém o complemento deste trecho saboroso relativo ao *Conepatus chilensis, ex Mephytis suffocans* (?). Oh, a sistemática! E há quem fale das brigas dos gramáticos!

Os vestidos, sela, estribos, ou a coleira do cachorro, a que al-

[1] O autor refere-se a Karl Friedrich Hieronymus, barão de Münchausen, célebre por suas fanfarronadas quando da guerra russo-turca de 1740-41 e rapidamente transformado em lendário personagem de aventuras imaginárias.

Thevet, *Singularidades da França Antártica*

> cança o ruim cheiro da ventosidade, nunca mais aproveita para nada, e se deve de entregar ao fogo para que o consuma. E não basta ao homem, a quem isto sucedeu, lavar-se uma, dez, nem vinte vezes dentro n'água, para efeito de perder aquele ruim cheiro, antes prevalece nele por espaço de oito ou dez dias, até que, com o tempo, se vai gastando.
>
> E a mim me sucedeu, estando um dia vendo pesar açúcar, e entrar na casa de um homem, ao qual havia mais de sete dias que havia tocado a ventosidade do animal, e com vir já lavado muitas vezes, cabelo e barba feita, e outro vestido, tanto foi o mau cheiro que de si lançou, que nos obrigou, aos que ali estávamos, a desamparar a casa e sair fugindo para fora com ignorarmos o caso até que ele próprio contou o que lhe havia sucedido.

Pasma-se Alviano do que acaba de ouvir e acode-lhe maravilhosa idéia; a da utilização de bandos domesticados de cangambás para fins bélicos: "Coisa estupenda é essa, e certamente indigna de se poder crer pela sua estranheza e raridade; assim aconselhara eu aos reis e príncipes que buscassem modo de indústria para criarem semelhantes animais domésticos, em forma que não soltassem a ventosidade senão quando lhes fosse mandado; porque com isso venceriam grandes exércitos sem arriscarem espada".

E por que não? Acaso não era o cavalo admirável arma

de guerra de todos os tempos e o elefante não o fora outrora? Não o era ainda no Oriente? E o camelo e o dromedário? Quanto deles se não utilizavam mouros?

Não empregara Aníbal[2] enorme boiada com fachos aos cornos para romper o cerco das legiões do *Cunctator*? Não mandara fabricar projéteis de barro cheios de serpes venenosas com que bombardeara a esquadra romana, no dizer de douto e imaginoso autor?

Assim tivesse o genial cartaginês à sua disposição algumas centenas de cangambás brasileiros! Havia de os disciplinar e arregimentar. E depois de os levar a carga em "cerrado e luzido esquadrão", tal qual Pirro ordenara aos condutores dos seus elefantes, dos seus "bois da Lucânia", destroçadores das legiões do cônsul Levino em Heracléia.

---

[2] General cartaginês, famoso por seu desempenho durante a Segunda Guerra Púnica. Fortalecido pelas riquezas ibéricas, apoiado nas alianças com a Gália e a Campânia, depois de ter tomado Sagunto (219 a. C.) Aníbal atravessa os Alpes e, graças a seus mercenários, consegue uma série de vitórias na Itália (Tessino, Trébia, 218 a. C.; lago Trasimeno, 217 a. C.; Cannes, 216 a. C.). Mas vacila ("delícias de Cápua"); Roma recebe reforços e contra-ataca na Espanha; em Metauro, o exército de Asdrúbal é destruído (207 a. C.). Criticado pelo partido pacifista dos Hanon, Aníbal é vencido em Zama (202 a. C.) por Cipião. Cartago aceita um tratado que, ao desarmá-la, coloca-a à mercê de Roma.

Tivesse o filho genial de Asdrúbal Barca o brasílio bichinho à sua disposição, que certamente dele se teria utilizado, como genialmente o soubera fazer com bois e cobras.

E a face do mundo teria mudado naquela tremenda refrega de Zama Regia, em que os elefantes da república africana tão ineficientes se mostraram.

Onde o paquiderme africano falhara, e tão lamentavelmente, quiçá triunfara o pequenino ofiófago americano! Tudo para maior fama de engenho sublimado do grande cabo de guerra, cujo nome passara a ser um símbolo de perigo imenso e iminente na língua daqueles inimigos a quem tão pavorosamente soava no Trasimeno e em Cannes.

Certamente teria o imortal expugnador de Sagunto aceito a sugestão do nosso imaginoso Alviano, homem de largas e férteis idéias, caso fosse possível este contato do seu grande engenho com o não menos notável do interlocutor de Brandônio.

Útil e original colaboração! E assim se perdera o ensejo de uma sugestão magnífica ao genial zarolho, transpositor dos "Alpes homicidas" e objeto da admiração, sem limites, de Napoleão. Mas como poderia Aníbal arregimentar as nossas maritacacas bombardeiras do mestre Alviano, mil e setecentos anos antes de Pedro Álvares Cabral, mil e oitocentos antes do talentoso interlocutor de Brandônio?

Não seria o caso de se aplicar aqui uma historieta clássica dos fastos teatrais sul-americanos, a do auto peruano de *Marco Antônio e Cleópatra*?, em que o triúnviro inebriado de erotismo apostrofa a famosa rainha suicida, da áspide do Nilo:

— Para te possuir, ó mulher frígida como os gelos da Moscóvia, percorrerei, se para tanto preciso for, Europa, Ásia e África!

— E por que não América?, reponta-lhe a nariguda filha dos Lagidas.

— Porque não foi descoberta ainda!, brada-lhe desesperado e sobre ela debruçado o *ardent imperator* do famoso verso herediano.

Suponhamos que "ao impetuoso Maharbal" ou a qualquer outro dos lugar-tenentes do grande Barca houvesse acudido a genial idéia de Alviano. Não haveria então na fauna africana maritacacas? Zorrilhos ocorrem no afro continente, no Sudão, no Senegal, na Gâmbia...

Que bela ocasião perdida para uma reviravolta completa nos destinos da nossa pobre humanidade!

Ah! a Alviano, à sua admirável sugestão não se aplica certamente aquela estrofe que o meu conhecimento notável dos *Lusíadas* (abençoado *Dicionário* de Afrânio Peixoto e Pedro A. Pinto!) imediatamente me evoca:

De Formião, filósofo elegante,
Vereis como Aníbal escarnecia
Quando das artes bélicas diante
Dele com larga voz tratava e lia.

Com certeza jamais repararia o vencedor de Cannes ao nosso dialogante das grandezas do Brasil, a criticar-lhe a idéia da utilização da perfumosa maritacaca como animal de guerra:

— *A disciplina militar prestante*
Não se aprende, Senhor, na fantasia,
Sonhando, imaginando, ou estudando
Senão vendo, tratando, e pelejando.

Demos porém de barato este comentário singelo às lições da história universal e tratemos de o aplicar às coisas dos nossos reinos e senhorios de Portugal e suas conquistas.

Oh, fora Portugal à garra por não ter sabido utilizar-se da maravilhosa arma de guerra que o Brasil poderia fornecer-lhe. Não sabia valer-se do que era seu! Daí a sua ruína! Porque não se lembrara o nosso heróico Jorge de Albuquerque de levar a el-rei d. Sebastião uma coorte de cangambás domesticados, industriados e militarizados. Aí uns mil destes bichinhos, portadores de gases asfixiantes naturais, de repente soltos e intrometendo-se nos esquadrões da mourisma em Alcácer-Quibir![3] Não iria a monarquia de Afonso Henriques à perdição dos sessenta anos de cativeiro!

Um apito de comando e aquelas mil vesículas espalhariam os seus famosos perfumes. Que espetáculo indescritível o empinar e revolutear dos belos cavalos árabes, o arrasamento dos albornozes e dos turbantes, a prostração das cimitarras, dos altanjes, dos *alcandjares* pendentes dos braços inertes dos servidores do Profeta! Que tunda no Crescente e que vitória da Cruz!

E a catalepsia coletiva de homens e cavalos permitiria o triunfo facílimo das armas do rei lusitano!

Mas fora melhor, para o pitoresco da tradição, que do cangambá brasílico se não utilizasse a tática lusitana. Assim nós outros, ávidos do pitoresco da história, não teríamos aquela série de coisas interessantíssimas do desastre de Al-

[3] O autor refere-se à célebre batalha travada, em 1578, nas tórridas areias do Marrocos, na qual desapareceu d. Sebastião, o jovem rei de Portugal. Tem início então a "questão dinástica", que culminará em 1580 com a união entre as Coroas lusa e espanhola sob Filipe II de Habsburgo.

cácer-Quibir, do Rei Encoberto da ilha de são Borondon,[4] das aventuras do prior, dos quatro reis impostores, da literatura messiânica do sebastianismo, dos comentários às trovas do Bandarra[5] etc. etc.

E até com isto perdera o nosso minguado folclore, desaparecendo a lenda paulista de que é a primeira segunda-feira de agosto o dia, por excelência, pressago, de todo o ano.

Em todo caso, ao espírito atilado de Alviano cabe a glória da sugestão do emprego do novo meio de vitória facilmente fornecível pelo Brasil.

---

[4] O autor refere-se a são Brandão, fundador de um mosteiro em Galway, por volta de 560. Sua fama foi muito difundida graças à tradução, em várias línguas, de um conto do século X, *A viagem de são Brandão.* Nele se narram as incríveis aventuras que o santo viveu, junto com um grupo de monges, quando navegou até uma linda Terra da Promissão, no oceano Atlântico, terra mais tarde identificada com algumas ilhas do arquipélago das Canárias. Na verdade, Brandão visitou Iona, o oeste da Escócia e, possivelmente, a parte ocidental da Grã-Bretanha e da Bretanha continental, como fizeram outros irlandeses de sua época.

[5] Escritos compostos entre 1530 e 1540 por Gonçalo Eanes, conhecido como Bandarra, um singelo sapateiro da região de Trancoso, no norte de Portugal. As trovas do Bandarra criticavam os defeitos da Igreja, a corrupção e a maldade que dela se apossaram, a falta de justiça e a decadência dos costumes. Previam ainda a vinda de um rei "encoberto", fundador do Quinto Império, que traria a justiça e a lei.

E saudemos portanto este alto engenho, que propunha a arregimentação destes animais de guerra que só soltariam a sua ventosidade "quando lhes fosse mandado"; porque com isso venceriam os senhores reis "grandes exércitos sem arriscarem espadas"!?

Sisuda e refletidamente empolgado por tão grande descoberta, objeta-lhe Brandônio, em coincidência perfeita de pontos de vista: "Pois não o tenhais por graça; porque dessa maneira sucederia, quando fora coisa que se poderá pôr em efeito".

Da nossa pequena cutia-mirim afirma o conhecedor das coisas do país que se camuflava inteiramente graças à cauda que, em certa posição, podia envolver-lhe por completo o corpo! O mesmo fazia o tamanduá-açu.

Da irara é que Brandônio inculca notas biológicas totalmente falsas, confundindo o gosto dos tamanduás pela mirmecofagia com o da feroz e solitária *Galera barbara, ex galictis.* Rigores da sistemática!

Do nosso lagarto sinimbu[6] afirma que podia passar por grande jejum porque sobretudo se alimentava de vento.

[6] Os lagartos sempre chamaram a atenção de viajantes e cronistas. Frei João dos Santos, autor de *Etiópia oriental*, escrito no século XVI, os descreve como possuidores de "agudos dentes e língua farpada", além de "gros-

Tratando dos símios do Brasil[7] relata que os nossos guaribas, quando invadiam as roças de milho e eram surpreendidos pelos homens, matavam as sentinelas do bando por não lhes haverem dado sinal da aproximação do perigo.

Refere ainda a historieta de Fernão Cardim sobre os bugios que se barbeavam, acrescentando-lhe novidade curiosa:

> Estes guaribas costumam a fazer-se a barba uns aos outros, quando as têm crescidas, ajudando-se para isso de certas pedras agudas, unhas e dentes; e quando se lhes tiram com algumas flechas e delas são ligeiramente feridos, tornam com muita brevidade a tirá-la logo do corpo; e, com acendida cólera, a arremessam contra o que lha tirou, intentando fazer o mesmo que lhes fizeram, e a ferida curam depois com facili-

sos como a perna de um homem". Viver de ar é uma característica de animal mítico presente nas narrativas a respeito de lagartos, jacarés e dragões tanto no Velho como no Novo Mundo.

[7] Fernão Cardim devia conhecer os relatos de outros viajantes portugueses de passagem pela África, como Duarte Pacheco Pereira e Donelha, que dedicaram extensas linhas à capacidade dos símios de ir buscar água nos poços ou moer mantimentos nos pilões. O comportamento quase humano dos guaribas foi analisado com certo humor, em 1595, pelo padre Gaspar Afonso, que comparava os macacos aos pregadores cujos sermões tinha pena de não compreender.

dade aplicando-lhes certas ervas só deles conhecidas. E quando sucede serem feridos de ferida penetrante e mortal, conhecendo seu mal, antes de se entregarem a morrer, se dependuram na árvore em que estão, liando na rama dela o rabo, de sorte que morrem ali dependurados, sem caírem para baixo, tanto aborrecem o serem presos de seus matadores.

Sobre os nossos ofídios pouco se estendem os *Diálogos*, que reproduzem a história idiota da caçada do homem e dos animais por meio da empalação à moda turca:

> Outra sorte há também de cobra, muito mais grande, a que chamam *boaçu*,[8] e nós "cobra de veado", porque comem engolindo um inteiro, quando o tomam. Caçam dependuradas

---

[8] A jibóia já era conhecida dos portugueses. Luís de Cadamosto, quando desceu até o golfo da Guiné, teve oportunidade de observá-la, anotando em suas *Viagens*: "Há tanta diversidade de bichas e víboras, cobras de diversas cores, pretas, vermelhas, pintadas, umas que têm crista como galo, e todas peçonhentíssimas. Há umas cobras que não têm peçonha, que os negros comem, que se chamam irãis. São de quatro a cinco braças de compridas mais grossas que a coxa de um homem. Tanto que tomam um animal se enrolam nele, estirando-se, lhe quebra todos os ossos e o engole pelas pernas. Os cornos lhe ficam atravessados na boca até que apodrece e cai a cabeça de tal animal. Mas tanto que mata um animal, antes que o engula, arrodeia grande parte da terra ao redor a ver se acha alguma casa de formigas; se acha, vai-se embora e deixa o animal morto, porque nos

sobre árvores, e de salto fazem a sua presa; e sucedeu arremessarem-se a homens que mataram com lhes meterem o rabo pelo sesso, por ser parte aonde logo acodem com ele. E destas semelhantes cobras vi eu uma tão grande que tenho temor de dizer a sua grandeza, temendo de não ser crido, e se afirma também delas uma coisa assaz estranha, a qual é que, depois de mortas e comidas dos bichos, tornam a renascer como a Fênix, formando novamente sobre o espinhaço carne e espírito.

Retruca Alviano a Brandônio muito surpreso e a invocar o ilogismo e o inaturalismo da asserção: "Isso tenho eu por coisa indigna de se poder pôr em prática porque não mostra nenhuma aparência de poder ser verdade, por encontrar às leis da natureza".

Mas Brandônio positiva, a reiterar-lhe: "Já vos disse que eu não o vi, mas ainda me atrevo a vos mostrar pessoas que vos afirmem haver experimentado o caso assim como vô-lo tenho relatado".

Como terá visto o leitor, não é das maiores a contribui-

---

dias que há de estar com a boca aberta, enquanto não apodrece a cabeça, pode dar com ela as formigas e entrar pela boca e matá-la, comendo-lhe as entranhas. Estas irãis têm os dentes arrevesados, para dentro, e não ferem, mas pisam".

ção dos *Diálogos das grandezas do Brasil* para o nosso escopo especializado. Mas também não deixa de fornecer algumas achegas curiosas e utilizáveis.

Quem dentre brasileiros não conhece a encantadora *História do Brasil* de frei Vicente do Salvador? Só mesmo quem a respeito das coisas pátrias entende demonstrar supina ignorância. O bom, o ingênuo franciscano perpetuou-se até no subconsciente da alma nacional. Não há quem tendo meia dúzia de letras não haja, pelo menos, ouvido referências à famosa imagem dos caranguejos a arranhar as areias de nossa costa, nascida de sua inventiva.

Desta obra capital de nossas letras sabem todos que a ressurreição procede de Capistrano.

Esteve no seu códice original, da Torre do Tombo, em mãos do segredista Varhagem, que bem poderia com ele fazer o que realizou em relação à obra de Gabriel Soares. Mas entendeu agir diversamente, deixando a Capistrano, filho dileto de Clio, como diria um acadêmico do número dos Renascidos,[9] o soberbo presente que o destino lhe reservava.

[9] Durante o século XVIII surgem na Bahia e no Rio de Janeiro acade-

O texto de Vicente Rodrigues Palha, seraficamente passado a frei Vicente do Salvador, conseguiu Capistrano — depois de diversos avatares complicados, nascidos da restrição malfazeja do desinteresse e da incultura de governantes — vê-lo impresso em 1889, graças a Teixeira de Melo, e nos *Anais da Biblioteca Nacional*.

Nem esqueçamos — o que seria da maior injustiça — como foi incorporado ao acervo de nossa grande livraria nacional o códice esquivo, quase mítico, de frei Vicente do Salvador.

Caiu em 1881, por inexplicável acaso, às mãos do velho e conhecidíssimo alfarrabista português do Rio de Janeiro João Martins Ribeiro, que, num rasgo de generosidade, fez à Biblioteca Nacional uma doação da maior relevância.

Quais os antecedentes desta cópia do texto do franciscano, Capistrano os desvendou, e quem se interessar pelo caso leia a sua nota preliminar à segunda edição da *História do Brasil*.

Dos originais de frei Vicente perderam-se muitos capí-

mias literárias e científicas fiéis ao espírito barroco. Uma das primeiras, fundada em 1725, chamou-se Brasílica dos Esquecidos, e reapareceu em 1759 com o nome de Brasílica dos Renascidos.

tulos em que talvez pudéssemos encontrar, para o nosso escopo, achegas mais valiosas do que as colhidas nesses cinco livros de tão agradável leitura a que hoje precedem outras tantas séries de prolegômenos da lavra do mestre cearense.

Deles, e com a maior exação, disse Rodolfo Garcia (aliás enriquecedor do livro em sua terceira edição, graças a uma série de valiosíssimos adendos): "por si só constituem a mais lúcida síntese da história do Brasil que jamais se escreveu".

Com a maior propriedade de conceitos lamenta Capistrano a triste sorte que condenou o livro de franciscano da Bahia a viver ignorado anos e anos:

> Imaginemos que a *História* de frei Vicente, em vez de ficar enterrada e perdida tantos anos, viesse logo à luz; as conseqüências podiam ter sido consideráveis: serviria de modelo.
>
> Os arquivos estavam completos e teriam sido consultados com as limitações impostas pelo tempo. As entradas sertanejas teriam atraído a atenção e o conhecimento delas não ficaria em nomes escoteiros, sem indicações biográficas, sem achegas geográficas, meros "sujeitos sem predicados".
>
> Muitas anedotas teriam sido colhidas, quebrando a monotonia pedestre ou solene com que os Rocha Pita, os Berredos, os Jaboatões afrontaram a publicidade.
>
> Frei Vicente ultimou a *História do Brasil* em 1627; só um

século mais tarde saiu Sebastião da Rocha Pita com uma *História...* da América portuguesa.

No livro primeiro da *História* dois capítulos se consagram à nossa fauna. Anota Capistrano: "Perderam-se neste livro as estampas do Brasil (p. 19), do caju e do ananás (p. 33), do monstro marinho de São Vicente[10] (p. 47). Os capítulos têm numeração seguida, mas não parecem intactos. Página 103, diz o autor já ter tratado da banana de são Tomé, a que não se encontra referência neste; do trigo de são Paulo trata no cap. 8º, não no 9º, como afirma à página 51; no 10, depois de tocar de leve nas aves, passa bruscamente aos peixes, que não constam do título; dos aimorés trata no cap. 13, não no 15, como afirma no livro IV, p. 377".

[10] Vários cronistas escreveram sobre o monstro marinho. Gândavo acusou a presença de um destes *hipupiara*, o que significa "demônio-d'água", morto em São Vicente, no ano de 1564. Gabriel Soares de Sousa refere-se a essas perigosas criaturas, capazes de meter pescadores e mariscadores "debaixo d'água", onde, além de morder-lhes as "naturas", os afogavam. Francisco Soares sublinha que pessoas morriam "de pasmo" ao defrontar-se com elas. Cardim descreve a maneira como matavam os seres humanos: "Abraçam-se com a pessoa tão fortemente beijando-a, apertando-a consigo que a deixam feita em pedaços". As fêmeas eram, segundo ele, dotadas de cabelos longos e formosos.

É bem deficiente a resenha zoológica do franciscano. A dos *Diálogos* lhe leva singular vantagem.

Assevera frei Vicente a história dos porcos monteses com o umbigo às costas, mas reduz muito as proporções da matança-suicídio-coletivo dos nossos queixadas e catetos, de que tão tragicamente se ocupam os *Diálogos.*

É aliás plausível este engano dos autores antigos quanto ao caso do umbigo dorsal dos nossos javalis, observa Melo Leitão.

Tal idéia provém da presença, no dorso destes suídeos, da glândula de almíscar, cuja abertura ao nível dos rins dava-lhes a idéia de cicatriz umbilical.

Do tamanduá é que conta a seguinte e pitoresca historieta, de aspectos munchausianos: "E quando se quer esconder aos caçadores, lança o rabo sobre si e se cobre todo com suas sedas, de modo que não se lhe vêem os pés, nem a cabeça, nem parte alguma do corpo, e o mesmo faz quando dorme, gozando debaixo daquele pavilhão um sono tão quieto, que, ainda que disparem junto uma bombarda, ou caia uma árvore com grande estrépito, não desperta, se não é somente com um assobio que, por pequeno que seja, o ouve logo e se levanta. A carne deste animal comem os índios velhos e não os mancebos, por suas superstições e agouros".

Dos guaribas afirma que se barbeavam mutuamente às dentadas. E acerca das cobras que se putrefaziam e depois renovavam as carnes,[11] admite o fato como incontestável, aduzindo a tal respeito novo argumento abonador da verdade do fato:

> Há também muitas cobras, e algumas que engolem um veado inteiro, e dizem os índios naturais da terra que depois de fartas rebentam e corrupta a carne se gera outra do espinhaço, porque já aconteceu achar-se alguma presa com um vime que tinha em si incorporado.
>
> O que não podia ser, senão que ficou junto ao vime quando rebentou e se lhe corrompeu a carne e depois, criando outra de novo, o colheu de dentro e incorporou em si, porém, não se há de dizer que morrem (como os índios cuidam), senão que com a carne corrupta ficam ainda vivas, e assim não ressuscitam, mas saram, e algumas se viram já de sessenta palmos de comprido.
>
> Em Pernambuco se enrolou uma destas em um homem que

[11] Essa idéia insere-se no riquíssimo repertório de símbolos associados tradicionalmente às serpentes. Encontra-se no livro de Horapolo a tese de que ao despir-se anualmente de suas velhas peles, a serpente simboliza a velhice; mas ao vestir-se com novas, ela representa a juventude e o renovar de estações.

> ia caminhando, de tal sorte que, se não levara um cão consigo que mordendo-a muitas vezes a fez largar, sem falta o matava: e ainda assim o deixou tal que nunca mais tornou às suas cores e forças passadas.

Parece ainda acreditar na fábula das cobras que mamavam em mulheres.

No capítulo das aves há grandes lacunas e nele, assim como está, nada encontramos que nos sirva.

No dos peixes, também muito mutilado, repete o caso clássico do *hipupiara* de São Vicente, divulgado por Gândavo, e traz novos elementos para que se firme a crença na existência dos homens marinhos: "Há também homens marinhos, que já foram vistos sair fora de após os índios, e nela hão morto alguns que andavam pescando, mas não lhes comem mais que os olhos e nariz, por onde se conhece que não foram tubarões, porque também há muitos neste mar, que comem pernas e braços e toda a carne".

E falando da baleia[12] repete as crendices a respeito da

[12] As baleias que, segundo Gabriel Soares de Sousa, adentravam "o mar da Bahia", eram vistas no período em que amamentavam os filhotes, ou seja, de maio a setembro, "e neste tempo", diz o mesmo cronista, "tornam as fêmeas a emprenhar, em a qual obra fazem grandes estrondos no

procedência do âmbar: "Há muitas mui grandes baleias, que no meio do inverno vêm a parir nas baías e rios fundos desta costa, e às vezes lançam a ela muito âmbar do que do fundo do mar arrancam quando comem e conhecido na praia porque aves, caranguejos e quantas coisas vivas há acodem a comê-lo".

Como vemos, é bem minguado o que frei Vicente pode fornecer à nossa revista sumária da velha bibliografia brasílica.

mar". Sobre o tamanho de um desses mamíferos, achado no rio Pirajá, ele esclarece: "Tinha do rabo até a cabeça setenta e três palmos de comprido, e dezessete de alto, fora o que tinha metido pela vasa em que estava assentada [...] tinha a boca tamanha que vi estar um negro metido entre um queixo e outro cortando com um machado no beiço de baixo com ambas as mãos, sem tocar no beiço de cima".

Thevet, *Singularidades da França Antártica*

3
Cláudio d'Abbeville e Ivo d'Evreux

Duas contribuições exóticas e valiosíssimas são por assim dizer contemporâneas da *História do Brasil* de frei Vicente do Salvador: os relatos maranhenses dos dois capuchinhos frei Cláudio d'Abbeville e frei Ivo d'Evreux.

A primeira destas obras célebres de nossa bibliografia prefaciou Capistrano, quando ao volume mandou Paulo Prado reimprimir, incluindo-o na sua bela Coleção Eduardo Prado, que já diversos outros documentos de inestimável valia conta, como é ocioso lembrá-lo.

Pena foi que deles se fizesse tão restrita tiragem.

Diz o mestre cearense:

> A *Histoire de la mission des pères capucins en l'isle de Maragnan*, escrita por frei Cláudio d'Abbeville, passou por duas edi-

ções em 1614 e nunca mais se reimprimiu. Sua raridade levou-a a preços inacessíveis à maioria dos estudiosos.

Entre nós, possui um exemplar o erudito Ribeiro do Amaral, no Maranhão; dois, o Instituto Histórico, doados por A. Henrique Leal, o zeloso Plutarco maranhense, e Manuel Barata, o dedicado cultor da história do Pará; mais de um, a Biblioteca Nacional, merecendo especial menção o da Coleção Benedito Otôni, formada por J. C. Rodrigues; um, a Secretaria do Exterior, procedente do espólio de Rio Branco; um, Paulo Prado, comprado na biblioteca de Eduardo e aproveitado para a presente reprodução. Não deve estar perdido o exemplar do benemérito Cândido Mendes.

Em 1874, César Augusto Marques traduziu a obra, servindo-se do exemplar emprestado por H. Leal. A maior parte dos que a conhecem leram-na através da tradução que, feita na província, longe de todos os recursos, proporciona leitura amena, mas não dispensa o original para o estudo. Estudá-lo quase exclusivamente se podia nesta cidade; agora descentraliza-se, liberta-se e torna-se possível em qualquer parte do território o exame deste precioso cronista.

A *Histoire de la mission* pode dividir-se em três partes: os dez primeiros e os oito últimos capítulos narram a vinda ao Maranhão e a volta à França; os capítulos 35 a 53 interessam à corografia e à história natural; nos outros predomina a etnografia.

Demorando apenas quatro meses, Cláudio d'Abbeville achou tempo de observar muita coisa, e revela-se bom observador; naturalmente não conseguiu aprender a língua da terra e teve de socorrer-se dos excelentes intérpretes que encontrou, Des Vaux, mais tarde empregado por Alexandre de Moura na empresa do Pará, e David Migan, morto na Batalha de Guaxinduba.

À obra de Cláudio d'Abbeville seguiu-se a de seu confrade Ivo d'Evreux, impressa, não publicada, em 1615. Antes de exposta à venda, a edição foi destruída, salvando-se apenas um ou outro exemplar mutilado. Pelo da Biblioteca Nacional de Paris fez Ferdinand Denis a impressão, que a salvou do esquecimento. A mais de um respeito Ivo d'Evreux completa o antecessor; seu cabedal lingüístico é muito mais abundante e instrutivo, pois sua assistência na ilha durou mais tempo, mas a observação sabia-lhe menos que a introspecção, e muitas vezes os fatos afogam-se em considerações teológicas e místicas, que nos revelam sua psicologia sem alargar os horizontes.

A esta reedição da *História* de frei Cláudio se apõe um "glossário das palavras e frases da língua tupi nela contidas", obra de exegese em que Rodolfo Garcia dá-nos nova demonstração do que é o cabedal maravilhoso de seus conhecimentos brasílicos.

Monografia excelente existe hoje em nossa história religiosa: a dos reverendos padres frei Fidélis Mota, de Primerio, e frei Modesto Resende, de Taubaté, que tivemos a honra de prefaciar: *Os missionários capuchinhos no Brasil*.

"São as chaves de Pedro as da Idade Média", proclamou notável historiador papal a enunciar a mais profunda verdade. Em relação à história antiga do Brasil o mesmo brocardo se poderá enunciar com exação idêntica.

Assim, pondo de parte qualquer interesse pelo conhecimento da história da Igreja Católica no Brasil, uma obra como *Os missionários capuchinhos no Brasil* é digna de atenção de quantos se ocupam de assuntos nacionais.

Representa uma achega de real valia para a melhor ventilação dos fatos de nossos anais. Aos católicos, escusado é lembrá-lo, rememora os serviços imensos prestados por esta ordem de abnegados evangelizadores em quase já três séculos de assistência às terras do Brasil, que é a dos menores capuchinhos.

Para a confecção deste livro coube a seus autores muito pesada tarefa. Material vultoso revolveram que se achava esparso em mil e um pontos; consultaram volumosa bibliografia, recorreram a grande documentação inédita dos arquivos eclesiásticos do Brasil e do exterior e especialmente de sua ordem. Foi trabalho tão longo quanto consciencioso.

Dele podemos dar testemunho pessoal por verificar a lealdade dos processos de composição de um dos autores, o reverendo frei Fidélis Mota, que durante largo lapso, constantemente, freqüentou a biblioteca do Museu Paulista, dela haurindo a maior contribuição possível para o enriquecimento dos dados básicos de sua monografia.

É livro, pois, composto segundo o espírito da invocação com que Montaigne epigrafou os seus *Ensaios*, livro da boa-fé, resultante da honesta investigação das fontes.

Para a história das missões no Brasil, compendia magnífico acervo de dados os mais variados. E de passagem fornece muito pormenor curioso, senão freqüentemente precioso, para os narradores de episódios que de perto se relacionam com os fastos missionários.

A bibliografia brasileiro-capuchinha, que tão justamente se pode orgulhar de obras notáveis — algumas delas essenciais —, como as de Cláudio d'Abbeville, Ivo d'Evreux, Martim de Nantes, Bernardo de Nantes,[1] Cocchia de Cesi-

[1] Esse capuchinho é o autor de um célebre catecismo intitulado *Catecismo índico da língua cariri aumentado de várias práticas doutrinais e mo-*

nale, Castro Valva, Mansueto de Val Floriana, Sabino de Rimini, Palazzolo etc., acresce-se agora de mais um número de real valor com este belo trabalho realizado sob o título franciscanamente modesto de *Os missionários capuchinhos no Brasil*.

Sobre os do Maranhão, escrevem frei Fidélis Mota e frei Modesto de Resende, depois de referir os primórdios da tentativa de ocupação francesa:[2]

> Os anos iam passando, e La Ravardiére, desenganado de obter a intervenção oficial do governo francês, associou-se em 1611 com dois riquíssimos fidalgos, Nicolau de Harlay — senhor de Sancy, barão de Molle et de Gros Bois — e o almirante Francisco de Razilly, e vieram os três para o Brasil.
>
> Antes de partirem, Razilly, que era muito religioso, foi ter com a rainha Maria de Medicis, a regente, pedindo-lhe que escrevesse uma carta ao superior dos capuchinhos a ver se conseguia levar consigo alguns missionários dessa ordem para o

rais adaptadas ao gênio e capacidade dos índios do Brasil, Lisboa, Valentim da Costa Deslandes, 1636.

[2] Em 1612 os franceses fundam São Luís do Maranhão, de onde são expulsos em 1615.

Brasil. Ficaria contente com quatro religiosos, que no Maranhão construíssem um convento.

A rainha, muito de boamente, escreveu neste sentido ao padre frei Leonardo, provincial dos capuchinhos de Paris, o qual, por sua vez, comunicou ao seu superior maior o desejo da rainha.

Este respondeu logo ao provincial, conferindo-lhe plena faculdade para agir como entendesse sobre o caso.

Em vista disso frei Leonardo consultou os seus frades sobre se queriam, ou não, aceitar a missão.

Todos aceitaram a proposta do padre provincial. Mais de cinqüenta religiosos se ofereceram para a viagem; porém, o provincial só quis quatro, atado aos termos da carta da rainha.

Escolheu os padres frei Ivo d'Evreux, que viria como superior, frei Cláudio d'Abbeville, frei Arsênio de Paris e frei Ambrósio d'Amiens.

Aos 27 de agosto de 1611, o padre provincial de Paris enviava ao padre frei Ivo e aos seus companheiros a obediência que os constituía missionários do Maranhão, no Brasil.

No dia seguinte, 28 de agosto, dirigiram-se todos para o porto de Cancale, onde estava fundeada a flotilha que os devia transportar para o Brasil. Devido, porém, à demora do aparelhamento da expedição e à necessidade de esperar ventos favoráveis, só aos 10 de março de 1612 é que a flotilha pôde deixar o porto.

Biografam os dois autores brasileiros os seus ilustres irmãos de hábito:

O padre frei Ivo d'Evreux — antes de entrar na ordem capuchinha chamava-se Simon Michellet, que era também o nome de seu pai. Descendia de família abastada e culta.

Nasceu na paróquia de Normaville, do bispado d'Evreux.

Fez o noviciado no convento de Rouen. Era muito instruído; conhecia com perfeição o grego, o latim e a língua hebraica. Na França fora superior do convento d'Auxerre e, depois, guardião do convento de Montfort l'Amaury.

Os seus contemporâneos não souberam admirar nele os belos dotes que possuía, como bom escritor.

Deixou algumas obras de grande valor, como *Suite des choses plus mémorables advenues en Maragnon les années 1613 et 1614* — publicada em 1612 por François Huby.

Essa obra foi destruída por ordem régia, a fim de não despertar as desconfianças da Espanha e de Portugal.

Ferdinand Denis reimprimiu-a, servindo-se de um exemplar já em mau estado, que encontrou na Biblioteca Nacional de Paris, e que supunha ser o único existente. Mas o notável americanista Gabriel Marcel menciona outros exemplares, um dos quais vendido em Paris no ano de 1884 por 1600 francos!

Em 1618 o mesmo François Huby publicou outro trabalho do distinto capuchinho, intitulado: *Supplément nécessaire à l'écrit que le capucin Yves, prédicateur a Saint Eloi, a fait imprimer touchant les conférences entre lui et Jean Maximilien Délange, ministre a Quevilly.*

Esse livro alarmou o público. Tais foram as queixas e reclamações suscitadas por essa publicação, que o Parlamento da Normandia, em abril de 1620, condenou o referido editor ao pagamento de uma multa de cinqüenta libras.

O padre frei Cláudio d'Abbeville — nasceu em Abbeville na segunda metade do século XVI, e seu nome no mundo era Firmino Foullon. Recebeu o hábito dos capuchinhos no dia 14 de julho de 1601. Foi o primeiro guardião do convento construído pelos seus esforços em Abbeville, cuja pedra fundamental fora colocada aos 7 de agosto de 1600.

Era um sacerdote muito ilustrado. Escreveu a *Histoire de Maragnon*, da qual saíram duas edições em 1614, não sendo mais reimpressa, de forma que os poucos exemplares conhecidos foram adquiridos por somas muito elevadas.

Faleceu o padre frei Cláudio d'Abbeville em 1616, na cidade de Rouen.

Descrevendo a fauna maranhense, nota Cláudio d'Abbeville quanto se devia considerar que sempre influíam os animais ou signos celestes sobre o reino animal das diversas zonas.

Dentre os astrônomos e filósofos, alguns havia que pensavam ser o Sol — situado no meio do mundo — quase como que a alma do universo. "Luminosíssimo, fonte única de luz, quente e mediocremente seco — era a origem e causa do calor vital, origem de tudo quanto nasce sobre a terra."

Outros, porém, de tal opinião divergiam; o grande moderador da vida era, a seu ver, o planeta Júpiter.

Espírito conciliador, acreditava o nosso bom capucho na influência conjunta destes dois belos planetas — o Sol e Júpiter (sic).

E explica-o:

Sua órbita está dentro dos limites do zodíaco; portanto é perfeitamente aceitável que ambos comuniquem suas virtudes àquele âmbito "onde naturalmente têm muito maior influência do que sobre outros de que se acham notavelmente afastados".

Daí o fato de ser o Maranhão como que o jardim zoológico de Júpiter e dos animais celestes (ou do zodíaco) e especialmente do Sol. Assim se explicava a espantosa riqueza da fauna maranhense, composta de animais inúmeros e maravilhosos.

Desta tão plausível astrológica e astronômica explicação passa o bom franciscano a tratar dos animais do Maranhão. Começa pelos habitantes do ar, para depois passar aos que se alimentam das águas e termina pelos que vivem sobre e sob a terra.

Não o acompanharemos senão no que diz respeito ao nosso escopo. Neste particular a contribuição de frei Cláudio é limitada, embora comece bem, pois do nosso grande rapineiro, o *euyra-ouassou* (o uiraçu, a grande harpia de Linneu, hoje rara), pretende que é tão possante e tão forte que suspende aos ares um carneiro e com a maior facilidade derruba um homem.

Voracíssima, pode contudo passar quinze a vinte dias sem alimento. Bichinho do prol da famosa *ave roca*!

Depois de avultada resenha ornitológica de toda a espécie, conta-nos o capucho singular história dos nossos sabiás freqüentadores das palmeiras imortalizadas pela obsessão patriótica de Gonçalves Dias:

Grandes comedores de pimenta-do-reino, era pelos seus excrementos que se fazia a propagação da *Piperacea exotica*, de modo que os índios cuidadosamente lhes recolhiam os dejetos! "Eis aí a utilidade deste passarinho que faz o ofício de jardineiro, semeando a pimenta-do-reino pelos bosques. É por isso que os selvagens dizem habitualmente que o sabiá é uma ave boa, pois que suas dejeções os habilitam a ter foices, machado e outras ferramentas de que precisam."

Que haverá de acreditável neste depoimento de tão esquisitos fatos?

De várias dezenas é a resenha dos mais salientes membros da avifauna maranhense feita por frei Cláudio. Neste capítulo se consagram algumas linhas aos malefícios de diversos destes pássaros notáveis pela hematofagia: os morcegos[3] (sic).

Há no seu relato um pormenor inacreditável, a saber: é que os vampiros maranhenses se mostravam tão hábeis sugadores e cirurgiões, que às vezes amputavam o artelho grande de suas vítimas adormecidas sem que estas despertassem!

Fato interessante: parece o missionário ter sido bom *gourmet*. Muito o preocupa o gosto da carne das aves ma-

---

[3] Outro cronista da Colônia, Gabriel Soares de Sousa, os descreve como "aves noturnas" possuidoras de dentes "como gatos, com que mordem". Frei Cristóvão de Lisboa acrescentava: "uma vez que mordem, levam um bocado de carne fora".

ranhenses: *ótimo*, *delicioso*, *excelente*, eis os adjetivos gustativos que a cada momento se inscrevem em seus períodos.

Passando aos peixes, refere-nos a existência de muitas espécies maranhenses e neste capítulo ictiológico inclui o peixe-boi, os jacarés, os lagartos e até as capivaras!

A única extravagância aí inscrita é a que diz respeito aos poraquês, peixes a que não fazem a menor mossa as mais violentas cutiladas, tanto lhes são moles e gelatinosos os tecidos! Impossível se torna traspassá-lo. Passando aos mamíferos, reedita frei Cláudio a velha história de que os nossos suídeos têm uma espécie de válvula no centro da coluna vertebral "por onde exalam suavíssimo odor". Ainda bem.

Nada encontramos de interessante para o fim que nos ocupa no capítulo dos animais terrestres. O que frei Cláudio fala do tatu e do tamanduá, dos macacos e dos felídeos é sobremodo restrito e sem curiosidade alguma.

Tratando das cobras, ocupa-se com a cascavel, a que chama *boyetê*, contando-nos que além de terríveis quatro presas dispõe de outro aparelho pavoroso de morte: dois dardos, ou aguilhões, na língua, perfurantes como lancetas, com os quais pica maravilhosamente, como aliás também pode fazer com a cauda!

No capítulo dos animais imperfeitos não há muito também o que respigar.

A tal respeito nota o nosso cronista que o Maranhão não podia excetuar-se ao resto do universo; em que país deixavam de ocorrer animais imperfeitos, daqueles que alguns chamavam *Insectos* e outros *Annulosa* ou *Annulata*?

Pois não havia em França moscas e borboletas, vespas e lagartas, escorpiões e víboras?

De todos os animais imperfeitos maranhenses, os que mais preocuparam frei Cláudio foram os bichos-do-pé e os gusanos. Nada de interessante porém relata a seu respeito.

Como vemos, em matéria de zoologia fantástica brasileira pouco nos fornece o bom franciscano, o que aliás é um título a favor da sua inteligência e da veracidade de seus informes, pois com certeza muitas e muitas coisas estrambóticas lhe inculcaram os índios e outros depoentes das particularidades do Brasil.

Vejamos agora alguma coisa do que o seu famoso companheiro de missão escreveu sobre as particularidades mais dignas de nota da zoologia brasileira.

Após os capítulos consagrados aos astros e ao Sol, aos ventos, chuvas, raios e relâmpagos do Maranhão e lugares vizinhos, onde há muita coisa pitoresca, pois aí condensa o nosso autor suas idéias científicas sobre os fenômenos da astronomia e da meteorologia, apresenta-se-nos o que o bom frei Ivo deixou da botânica brasileira em suas páginas *Des singularitez de quelques àrbres de Maragnon*, onde a biologia dos vários vegetais é exposta a seu modo não menos engraçadamente.

A zoologia brasileira atraiu muito mais a atenção do piedoso capuchinho. Oito capítulos lhe consagra, começando por tratar dos "peixes, aves e lagartos (sic) que neste país se encontram".

A primeira coisa que o surpreendeu no Maranhão foram os peixes de geração espontânea ali viventes, coisa aliás desde muito já assinalada por Alberto Magno quando desvendara a existência de certos espécimes ictiológicos que vira surgir no meio de grande bloco de mármore arrancado de sua pedreira e fendido ao meio.

No Maranhão verificara frei Ivo a veracidade do fenômeno; em certos ribeiros torrenciais ficavam os leitos completamente secos, ao tempo da estiagem. Pois bem, era recomeçarem as chuvas, voltavam as torrentes a correr e logo reapareciam grandes e belos peixes, semelhantes, em tamanho e colorido, a outras espécies existentes nos rios de águas perenes! Nasciam, cresciam e morriam com a queda, o acréscimo e a seca de águas!

Pois então? Geravam-se de que estes animais? Onde as ovas de que provinham, como os outros, aliás?

A explicação, para o nosso autor, era uma só: a força e a influência dos planetas predominantes em janeiro e fevereiro (meses em que nasciam tais peixes). Conjugadas à umidade, ao calor e à disposição do solo, provocavam o aparecimento destas espécies aqui e acolá.

Melhor prova de tal asserção não podia haver do que a diversidade dos gêneros ictiológicos segundo a natureza dos rios em cujas águas viviam! Nada mais simples!... nem mais simplista.

Outra anomalia notável da natureza no Maranhão: a que ali ocorria a um pernalta do gênero do *Courlis* de França, o maçarico de Portugal, o nosso belo guará rubro, pelo que se depreende da narrativa.

Adulto, tinha penas e carne vermelhas. Mas nem sempre assim fora. Nascera com penugem branca e assim vivera até começar a voar. Aí passara a ficar negro, persistindo esta cor até certa fase em que virara cinzento, para depois acabar escarlate.

Nada mais explicável, comenta o franciscano em curiosa dissertação:

> Decorre tudo isto de razões profundas da natureza: as cores do pêlo e da plumagem são função da qualidade e disposição do suco do alimento de que se nutre o vivente. Não dizem os filósofos que um e outro, pêlo e plumagem, crescem e alimentam-se da superfluidade dos alimentos?
>
> Ora, a cor branca da avezinha pressupunha uma alimentação suave e delicada: apenas saído do ovo, jazendo no berço de seu ninho, vivia o bichinho de moscas e maringuins (mosquitos); sustentada por tão débil alimentação a penugem tinha-lhe fatalmente de se mostrar branca.

Mas logo depois a vivacidade do calor natural abria-lhe o apetite, trazendo-lhe a abundância e superfluidade de alimento.

Refletia-se isto pela observação da extrema voracidade da ave, que nesta fase comia sem parar, ao passo que a plumagem se lhe ia escurecendo até ficar inteiramente negra.

Aí novo metabolismo, com novos resultados cromáticos exteriores:

> A cor cinzenta e avermelhada é a conseqüência da temperatura desta excessiva avidez alimentar, uma tendência à esco-

> lha natural de viandas próprias e especiais a que o animal se sente submetido. Notei que nesta fase o animal tem preferências por alimentação toda especial, pelos caranguejos que, recolhidos ao seu estômago, resolvem-se num quilo escarlate que passa a tingir o fígado do pernalta e desta víscera conservando sempre o mesmo matiz passa às veias e às carnes e destas ainda às pernas, tornando todo o corpo tão homogêneo e perfeitamente vermelho, que se puserdes a cozer um destes pássaros numa panela direis que ali deitastes um punhado de vermelhão.

Que pitoresco intróito para uma monografia sobre os nossos lindos guarás, esta página singela e ingênua do bom capucho!

4
Ainda Ivo d'Evreux

Continuemos porém a respigar nas páginas ingênuas da *Suite des choses plus mémorables advenues en Maragnon les années 1613 et 1614.*

E antes de o fazer mais uma vez lembremos que a divulgação de tão valiosa obra proveio dos esforços de um amigo notável do Brasil, sincero, despretensioso, desinteressado quanto pode um homem ser e a quem deve a nossa terra relevantíssimos serviços: o bom Ferdinand Denis.

Singularidade, e do maior vulto, da fauna maranhense provinha de certo bicho "muito monstruoso", que em si concentrava as três esferas entre as quais se repartem todos os animais deste mundo.

Vivia nos rios e mares como os peixes seus compartícipes do elemento água; compartilhava com os homens e qua-

Thevet, *Singularidades da França Antártica*

drúpedes do elemento terra, e como também fosse arborícola repousava e nidificava sobre as árvores como os seus companheiros do elemento ar: os pássaros.

Faltava-lhe, pois, apenas o salamandrismo, para se dizer que pertencia também ao elemento fogo e poder intitular-se o animal dos quatro elementos. Maravilhoso bicho... "Parecia que os astros, da cabeça até a extremidade da cauda, lhe haviam concedido a representação de seus raios e fulgurações."

Na bela cinta de seu dorso viam-se as radiações do Sol e das estrelas, semelhantes às que os nossos pintores pintam em torno do globo do Sol e das estrelas: "Quanto à sua pele, mostrava-se ela esmaltada de matizes argentinos e azulados como verdadeiros lambris do céu".

Nada mais interessante do que a ecologia deste bicho curiosíssimo: a força do sol arrastava-o fora do seio do mar. Subia então às árvores da praia; escolhendo um galho grosso, deitava-se a descansar. Era ali que desovava. Incubados pelo sol, surgiam os lagartinhos, que acompanhavam os pais de maneira admirável, pastando no mar, no solo e sobre as árvores.

A explicação deste modo de viver era também simples:

Quanto mais úmido, também mais sonolento é um animal. Ora, entre todos os bichos nenhum há mais úmido e frio do que este lagarto do Maranhão. Por conseguinte nenhuma espécie existia mais sujeita a dormir do que ela.

E depois, quem não sabe que quanto mais dispõe um organismo da homogeneidade de temperatura, tanto mais agradável se lhe torna o sono? Eis aí por que o lagarto se punha ao sol, sabiamente, evitando os desequilíbrios térmicos.

E o instinto lhe inculcava que o gélido corpo não lhe permitia chocar os ovos. Eis por que tratava de os expor ao sol, sobre a galhada das árvores.

Do capítulo XLI da obra de frei Ivo, "De la pesche de Pery", quase nada se aproveita para o assunto do nosso estudo. Falam-nos estas páginas de pescarias de peixes e jacarés pelos tupinambás.

Dois tópicos contudo nos parecem mais curiosos do que os outros: a afirmação de que os excrementos dos crocodilos serviam de base excelente para o fabrico dos ungüentos com que se pintavam as fidalgas e mulheres de hierarquia! Assim também um bálsamo corrente entre os índios maranhenses e empregado contra as inflamações de ouvidos era composto de sangue de tartaruga e leite humano.

No capítulo consagrado à "caçada dos ratos, formigas e

lagartos" (esquisita associação!), a parte referente aos murídeos cobiçados pelos selvagens pouco interesse nos causa. Apenas nos conta frei Ivo que os tupinambás apreciavam muito mais a carne dos pequenos roedores silvestres do que a dos suídeos e cervídeos, e a das pacas e cutias.

Tinham também enorme preferência pelas formigas; quando na época da cria apareciam as rainhas destes himenópteros, alvorotavam-se as aldeias.

Iam as índias sentar-se em frente aos olhos dos formigueiros e punham-se a entoar singular melopéia: "venha, amigo, venha ver uma beleza que a você dará avelãs"!

Começavam então as tanajuras a sair e eram imediatamente capturadas. Quebravam-lhe as mulheres as asas e as pernas e atiravam-nas dentro de potes, onde seriam fritas. Delicioso regalo aquele!

Caso curioso da biologia de formigas maranhenses vinha a ser o seguinte: num mesmo formigueiro criavam-se duas castas diversas de insetos: os indivíduos de uma delas viviam em paz com os da congênere até atingir o desenvolvimento completo. Uma vez perfeitamente criadas, saíam do formigueiro e transformavam-se em verdadeiros bandidos. Emboscavam-se na vizinhança do ninho à espreita dos antigos irmãos, a que inexoravelmente trucidavam.

Aproximação piedosa trouxe ao nosso capuchinho esta singularidade: o caso do bastardo Abimelech, filho de Gedeão, que assassinou os setenta irmãos legítimos sobre a pedra de Ephra.

Tratando dos lagartos, conta-nos o bom franciscano alguns casos dignos de nota. Assim, refere que os casais se ajuntavam em círculo de modo a ficar a ponta da cauda do macho à altura da cabeça da fêmea e vice-versa.

Perseguiam-nos inexoravelmente certas grandes cobras roxas e outras versicolores de que tinham pavor.

Havia frei Ivo assistido à morte de um destes répteis, cujos pedaços ainda tinham vivido 24 horas, procurando pertinazmente soldar-se uns aos outros.

Fato interessante sucedido aos lagartos brasileiros: enegrecia-se-lhes a cauda com a velhice, tornava-se frágil como vidro e subitamente caía.

Horrível alimária certa caranguejeira maranhense, do tamanho de uma mão fechada! Temiam-na imenso os selvagens. Vivia da corrupção do ar.

Largamente se ocupa o nosso frei Ivo das aranhas, suas teias, suas caçadas e presas prediletas, entre as quais figuravam as lagartixas. Muitas delas achavam delicioso o sangue dos ofídios. Diziam os índios que a picada de uma destas aranhas nutridas de cobra era perigosíssima; trazia a demência imediata e a morte, em curto prazo.

Terra como o Maranhão, abundante de cigarras, não havia. Faziam estes ortópteros pavorosa algazarra. Do fenômeno acústico de sua cantoria dá-nos frei Ivo curiosa explicação e de duvidoso cientificismo, é bom que o lembremos. Viviam estes insetos sobretudo de orvalho...

Da infernal mosquitaria existente no litoral maranhense relata-nos frei Ivo que os brasis chamavam a estes insuportáveis sugadores de sangue maringuins, de que havia "diversos tipos divergentes em grandeza e volume, mas não em forma nem em propriedade".

Curiosa a sua procedência; nasciam de um humor acrimonioso e por isso procuravam os sabores acres e agudos e não os adocicados.

Daí o fato de as praias estarem cheias de tal praga, durante as chuvas: "imundície nascida do humor do mar e seus vapores". Procuravam no homem o humor salgado entre a pele e as carnes.

Os grilos no Maranhão eram absolutamente inumeráveis; os índios lhes chamavam *cuyu*. Ao nosso franciscano estes ortópteros, roedores por excelência, forneceram nova e esplêndida demonstração de que existe a geração espontânea.

Nada mais evidente, aliás: fizesse alguém no Brasil uma choupana coberta de folhas de palmeira recentemente cortadas. Em pouco surgiam no teto da cabana milhões e bilhões de *cuyus*.

De onde proviriam? Dos matos circunvizinhos? Evidentemente não, porque se a casa tivesse o teto feito com folhas velhas o número dos grilos se mostrava incomparavelmente menor!

Verificou o fato o próprio frei Ivo, que viu, ao cabo de dois ou três dias, aparecerem as folhas de palmeira literalmente cobertas de larvas brancas de grilos. Qual a conclusão? Uma única se impunha: nascera toda aquela sevandija da fermentação das folhas frescas provocada pelo calor solar.

Assim era gerada pelos humores das palmas e não só por este fluido. Do das favas e ervilhas também nascia.

Verdade é que igualmente se originava "de pai e mãe", como os demais bichos.

Do camaleão ensina-nos frei Ivo algumas particularidades maravilhosas. Ninguém jamais o vira trepar em árvores frutíferas. Assim procedendo obedecia à inspiração da própria natureza. Tinha este bicho tão frio organismo que se acaso o seu corpo se pusesse em contato com algum fruto este ficaria logo envenenado.

Era esta a causa que o protegia do assalto e da voracidade dos carnívoros. Receavam estes morrer intoxicados pela carne gélida do camaleão. "Assim ninguém encontra este lagarto senão sobre árvores cujos ramos podem servir para lenha. Afirma-se que se este animal for atirado a uma fogueira dificilmente será queimado. Acaso estejam pessoas presentes, ficarão infeccionadas pela fumaça."

Realizou frei Ivo uma experiência comprobatória com outro animal pequeno, e não muito diverso, das virtudes frias, próprias do camaleão.

Atirou-o ao braseiro, mantendo-se, porém, por prudência afastado. Movia-se furiosamente o bicho no fogo e afinal acabou morrendo, mas conservando a forma e o pêlo!

Dos vaga-lumes maranhenses explica o capucho que a luminosidade lhes provinha do umedecimento de uma película diáfana que os recobria.

As abelhas do Maranhão eram como as demais congêneres do universo: tinham geração original como da *Apis mellifera*, já declarara santo Ambrósio: "omnibus originatus integritas corporis". Cada indivíduo, sem conjunção com qualquer outro, produzia geração.

Um dos mais interessantes capítulos de frei Ivo vem a

ser o XLVI: "Des onces et des guenons qui sont au Brésil".[1] Depois de narrar que "la plus furieuse beste du Brésil est l'once",[2] dá-nos uma série de curiosas notas sobre esta fera, sobretudo a respeito da sua predileção pela carne dos cães e dos macacos.

A este propósito reproduz uma história da carochinha dos nossos índios, a saber, que o nosso gatarrão finge-se morto e deita-se imóvel à espera da passagem de um bando de símios: "La première guenon qui passe en ce lieu s'arreste et appelle les autres qui viennent incontinent e descendent le plus bas quelles peuvent se defians toujours pour tant à fin de contempler et considerer asseurement si leur ennemie est morte, grinçans les dents et marmotans un ramage de congratulations à sa mort; mais elles sont bien estonnées que la trepassée ressuscite à leur voix, montant plus viste qu'elles au feste des arbres, ou elles changent leur vie en mort non simullée, ains en verité".[3]

Depois desta história relata-nos gravemente que a raça oncina estava condenada fatalmente à extinção porque ca-

[1] Onças e bugios que vivem no Brasil.

[2] A fera mais bravia do Brasil é a onça.

[3] O primeiro bugio que passa por esse lugar pára e chama os outros,

da fêmea só dava uma cria em toda a vida: isto pelo fato de que o filhote rasgava o útero materno ao nascer!

Animal monstruoso maranhense vinha a ser a onça marinha, cuja parte anterior era como a do jaguar e a posterior a de um grande peixe. Feroz como a sua congênere terrestre, precipitava-se fora d'água para atacar os inimigos.

Refere-nos ainda frei Ivo que os bugios do Maranhão, quando podiam, violentavam as índias encontradas indefesas na mata. As suas demais notas ecológicas sobre os símios da região não têm relação com o escopo do nosso estudo e podem passar por exatas ou pelo menos verossímeis.

O último dos capítulos consagrados à fauna maranhense trata "Des aigles et grands oyseaux et d'autres petits oyseaux qui sont en ces Pays lá".[4]

---

que acodem na mesma hora, descendo o mais perto do chão que conseguem e trocando desafios enquanto isso, a fim de contemplar o inimigo e assegurar-se de que ele está bem morto, enquanto rangem os dentes e balbuciam uma enfiada de congratulações pela morte dele; mas espantam-se bastante quando a finada onça ressuscita com o barulho de suas vozes e sobe mais rápido do que eles à copa das árvores, onde trocam a vida pela morte, desta vez não simulada, mas de verdade.

[4] Das águias e grandes pássaros e outras pequenas aves que habitam este país.

As águias do Brasil talvez não fossem tão grandes quanto as européias, mas muito mais "furiosas, ousadas e fortes se mostravam".

Assim, por exemplo, na aldeia de Ouyrapiram um casal destes rapineiros "maravilhosamente furiosos" quebrava galhos de árvores mais grossas que uma cova de homem, a fim de nidificarem num manguezal, em ponto por onde ninguém ousava passar.

Certo dia estas aves assaltaram dois índios tupinambás, matando-os com a maior facilidade. A tribo dos assassinados, revoltada, reagira matando também o macho e os aguiluchos do ninho. Só escapara a fêmea porque fugira.

Fato extraordinário o seguinte: a fúria carnívora de tais águias tão terrível era que até nos seus despojos persistia. Assim, se por acaso se pusessem as suas penas misturadas com as de outras aves, como, por exemplo, as das araras, apareciam as plumas dos psitacídeos roídas e até devoradas. Tanto disto sabiam os índios que a mesma flecha nunca as empenavam com as remígias das águias e de outras aves sob pena da destruição das últimas.

Era um caso como o que Raspe no século seguinte averbaria em suas *Aventuras do barão de Munchausen*: o do sobretudo do verídico barão atirado a um cão hidrófobo, por este mordido e depois inadvertidamente guardado no armário de seu dono, onde estraçalhara gibões e casacas!

Outro grande rapineiro maranhense era o uiraçu, quase tão grande quanto a avestruz africana! Mais alto talvez, mas não tão volumoso! Os grous europeus perto destes gaviões americanos pareciam do tamanho de pardais! Sua glutoneria mostrava-se simplesmente prodigiosa.

Terríveis devastadores da *gens simiesca*, pagava esta, anualmente, à voracidade do memorável e insaciável uiraçu "um tributo de milhões de seu povo".

Ah, se a macacada pudesse persuadir aos selvagens a extinção de semelhante raça, haveria de fazê-lo gostosamente!

Na avifauna marítima maranhense outra maravilha ocorria: uma ave que os franceses haviam batizado "navalha" ou "canivete de cabo" (*jambette*). Isto por causa do bico que se dobrava como as facas de mola. Destarte tais bicos lhes eram perfeitamente inúteis à subsistência. Por isso se afirmava que estas aves viviam de vento, exclusivamente, e que os bicos cortantes só lhes serviam de pretexto para passatempo.

Assim, quando passavam pelas praias, iam se divertindo a acutilar os peixes encontrados, o que faziam com a maior destreza, picando-os em dois pedaços. E com isto se contentavam!

Como acabamos de ver, a contribuição do bom capucho frei Ivo d'Evreux foi abundante e farta para estas notas desvaliosas sobre a zoologia fantasiosa do Brasil.

5
Ricardo Flecknoe — Simão de Vasconcelos

Em 1648 esteve no Rio de Janeiro por alguns meses o jesuíta irlandês Ricardo Flecknoe, cujo livrinho *Relação de dez anos de viagem na Europa, Ásia, África e América, tudo por meio de cartas ocasionalmente escritas de lugar em lugar, a diversas personalidades fidalgas*, constitui, pela raridade dos exemplares, uma das maiores preciosidades da nossa bibliografia.

Não pela valia dos informes, que esta é por assim dizer insignificante. O que Flecknoe disse de nosso país em nada lhe abona os méritos de observador, tão despicienda a sua contribuição à nossa xenobibliografia.

Há no entanto, no seu texto, algumas notas curiosas, aproveitáveis para o nosso escopo.

Depois de contar que o Brasil é maior que a Europa,

Fauna do Brasil segundo Nieuhoff (meados do século XVII)

afirma o inaciano que em toda esta enorme possessão portuguesa apenas havia dois grandes rios e quatro ou cinco portos acessíveis, num litoral "tornado impraticável pelos rochedos e a floresta densa".

As suas notícias sobre as nossas plantas, os nossos índios, são de pasmosa insignificância, e a descrição do Rio de Janeiro, único ponto do país que visitou, de desoladora inópia.

Tem o leitor o direito de indagar surpreso: que enxergou este homem em seis meses de permanência no Brasil? A que ponto chegaria a sua incapacidade receptiva ante o espetáculo de uma natureza tão prodigiosamente diversa daquela a que se habituara até a idade madura?

Leiamos porém o que nos conta da zoologia fantástica do Brasil.

Chegado o seu navio às águas da Guanabara, viu Flecknoe os marujos pescarem abundantemente uns peixes esquisitos que lhe lembraram a princípio os "peixes-cabras" das águas européias.

Tinham os ventres brancos e xadrezados, inflando como bexigas cheias de vento ao serem lançados ao convés. Alguns portugueses presentes à pescaria preveniram logo que ninguém comesse de tais bichos, cuja carne era venenosíssima.

Abundavam nas águas do Rio de Janeiro, onde também viviam muito mais espécies ictiológicas sumamente tóxicas.

Alguns dias mais tarde, o nosso Flecknoe verificava a veracidade desta afirmação por uma experiência *in anima nobili*, por meio de um caso pessoal.

Arriscou-se a um banho de mar e saiu do "salso elemento" vertiginoso e muito maldisposto. Em todos os demais mares tal ablução lhe fora sempre a mais favorável. Era a presença de enormes cardumes de baiacus que envenenavam as águas cariocas com as suas emanações letais a causa de tão positivo mal-estar.

Os animais brasileiros selvagens diferiam inteiramente dos representantes da fauna européia.

Além das onças, leopardos e tigres (sic), alguns eram dignos de nota, sobretudo a *pigritas*[1] (sic), animal de movimentos sobremodo morosos, coberto de escamas como o

[1] O autor refere-se à prosaica preguiça, conhecida pelos cronistas do século XVI como "*hay*, o animal que vive de vento", e reproduzida em xilogravura no livro de Thevet, *As singularidades da França Antártica*, assim como no famoso *Monstros e prodígios* de Ambroise Paré.

rinoceronte e flexível como a serpente: "O próprio Demônio não seria tão feio" quanto o nosso bradipodídeo e "não poderia ser pintado mais assustador". Caminhava tão vagarosamente, que apenas progredia um passo diariamente.

Da macacada do Brasil o mais notável era o *buggus* (sic), que exalava suave odor.

Numa excursão feita nos arredores do Rio por uma floresta virgem, viu Flecknoe as árvores apinhadas de macacos e papagaios, cujo alarido vinha a ser tal que impedia a conversa dos viandantes "a ponto de não ouvirem sequer as nossas próprias vozes".

Interessante o modo pelo qual os símios procuravam apanhar os papagaios.

Seja como for, o bom Flecknoe, apesar da rudimentariedade de seus informes, não deixou de contribuir com pequenina mas pitoresca achega para o avolumamento deste capítulo curioso que é o da nossa zoologia imaginosa.

Pouco interesse parece ter lhe causado o Brasil, tão deficientes as suas informações. Se acaso nele houvesse pendor à invencionice, poderia certamente ter avolumado, e muito, as suas páginas com as notícias inúmeras e maravilhosas que certamente ouviu acerca de nossa fauna, nossa flora e sobretudo dos nossos silvícolas.

Era mais ou menos ao tempo em que o bom padre provincial Simão de Vasconcelos nos relatava coisas espantosas sobre *guayazis* e *matuyus* e *coruqueans*, tão esplendidamente cantados pelo estro zurzidor de Bilac.

No século XVII, embora ainda muito numerosos os tratados sobre a fauna fantástica, nota-se que a iconografia é menos ingênua. Há visíveis sinais de forçamento para os fins de se impressionar um público menos crédulo, porque menos ignaro.

É o que por exemplo acontece com um livro que aliás teve o seu tempo de aura: a *Specula physico-mathematico-historica notabilium sciendorum et mundi mirabilis aeconomia*,[2] grosso tratado de três volumes in-fólio, impresso em Nuremberg, no ano de 1696, obra de João Zahn, prior do convento premonstratense de Niederzell.

É preciso lembrar, porém, quanto as narrativas mentirosas, exageradas ou crédulas dos viajantes contribuíram para entreter uma atmosfera de crendices, por vezes grosseiríssimas, em torno dos assuntos da história natural.

Nem sempre seriam desleais os informantes dos tratadis-

[2] Espelho físico-matemático-histórico das ciências notáveis e economia das maravilhas do mundo.

tas, freqüentemente até conduzidos pela própria tendência da boa-fé universal em acreditar nos depoimentos de informantes boçais e selvagens, sugestionados pelas superstições.

Daí essa enorme massa de escritores sobre as terras recentemente descobertas, onde formigam as mais extravagantes baboseiras. Foram eles que forneceram tão copioso contingente à obra colossal de Aldrovando,[3] um dos pais das ciências naturais modernas, como geralmente se sabe.

É autor de imensa enciclopédia, colossal compilação no gênero da do Plínio da Alemanha, Conrado Gessner,[4] o pro-

[3] O autor refere-se a Ulisses Aldrovandi, nascido em Bolonha a 11 de setembro de 1522, membro de uma rica família local. Aos dezessete anos começou a estudar direito e artes liberais, indo depois para Pádua, onde se formou em filosofia e medicina. Denunciado como herege à Inquisição em 1549, vai para Roma, onde se encontra com o grande naturalista francês Rondelet, que inspirou definitivamente seu interesse pelas *mirabilia*. Os elementos dessa influência encontram-se no seu *Historia monstrorum*, publicado em 1642.

[4] Nascido em Zurique, Suíça, em 1516, Conrado Gessner fez estudos em Paris e Estrasburgo e publicou em 1549 o seu *Historia animalium*, um calhamaço de 1100 páginas contendo inúmeras gravuras. O livro, mais tarde traduzido em francês, italiano e alemão, trazia uma lista de animais por ordem alfabética, descritos com inúmeros detalhes. O hipopótamo,

digioso trabalhador e formidável compilador de Zurique que, em apenas 49 anos de existência, soube reunir imenso cabedal útil, em que figuram a mina inesgotável da *Bibliotheca universalis o catalogus plantorum* e a *Historia animalium*, alicerce primeiro da zoologia moderna, no dizer de Cuvier.

Aldrovando, este, seguindo as pegadas de Gessner, começou a publicar, em 1599, o primeiro tomo de suas compilações imensas, de que só pôde imprimir os quatro volumes iniciais.

Era esta coletânea muito indigesta, referta de fábulas da Antiguidade, abusões contemporâneas, alegorias, apólogos zoológicos e sobretudo digressões intermináveis.

Tão volumosa que, no dizer de Buffon,[5] se poderia re-

---

por exemplo, é apresentado como pertencente a uma raça de cavalos, provavelmente em razão de seu nome.

[5] Georges Louis Leclerc, conde de Buffon (1707-88), entrou em 1733 para a Academia de Ciências da França e foi nomeado em 1739 para dirigir o Jardim do Rei, hoje Museu de História Natural. Começou a escrever o seu *Histoire naturelle* em1749, terminando o último dos 36 volumes em 1789. Mostrou-se aí excelente observador da natureza e teve a intuição da lenta evolução das espécies.

duzir a um décimo do que é se dela se fizesse a ablação das inutilidades alheias ao seu assunto.

A iconografia de Aldrovando representa precioso cabedal. A fração aproveitável de seus escritos muito serviu para o avanço dos estudos sobre história natural.

E quanto ao resto valeu imenso para os mitológicos antiquários e eruditos, afirmam os biógrafos com toda a justeza.

E apesar da publicação póstuma da maior parte de seu acervo, ainda em fins do século XIX possuía a cidade de Bolonha, berço do enciclopedista, muita coisa inédita de tão copioso material.

Dos escritos de Simão de Vasconcelos, provincial da província do Brasil, tratou Varhagem com real dureza. E bastante injustiça, mesmo. Mérito têm, apesar do espírito parcial, da credulidade de seu honesto autor, a quem, mais do que outra, inspira, freqüentemente, a ingenuidade.

Mas que belo repositório se encerra em suas páginas! Quanto subsídio da mais alta importância subministra este informante que, no Brasil, viveu dezenas de anos e dispôs dos arquivos intactos dos colégios de todo o país. Vindo para a Bahia aos dezenove anos, faleceu no Rio de Janeiro aos 74, pouco se tendo ausentado da América portuguesa, a não ser quando da sua viagem a Roma com Antônio Vieira.

A sua *Chronica da Companhia de Jesus no estado do Brasil* constitui copiosíssimo manancial de notícias sobre o período épico da catequese. Raridade de primeira ordem esta obra, assim como as *Vidas* de Anchieta e do padre João de Almeida, que se mercam por altíssimo preço! São das mais belas peças dos nossos cimélios.

Um dos tratados mais conhecidos de Simão de Vasconcelos intitula-se *Notícias curiosas e necessárias das coisas do Brasil*.

Nelas se mostra o padre provincial perfeitamente a par da bibliografia geral do seu tempo sobre o nosso país, inclusive a holandesa, citando freqüentemente Marcgraff e Piso.[6]

Quem, com isenção de ânimo, percorrer-lhe as páginas

---

[6] Em 1637, o conde João Maurício de Nassau chamou dois médicos ao Brasil: o holandês Guilherme Piso, da cidade de Leiden, íntimo das disciplinas médicas e mineralógicas, e o astrônomo amador alemão Jorge Margrave, proveniente de Libstad, perto de Meissen, na Saxônia. O segundo morreu na África Ocidental, ao voltar para a Europa. O primeiro reuniu todos os seus escritos, levou-os aos Países Baixos, entregou-os a João de Laet, um dos diretores da holandesa Companhia das Índias Ocidentais, que os publicou.

terá a Vasconcelos por menos crédulo do que a maioria dos autores do seu tempo.

Referindo-se ao lago de Eupana, escreve o Provincial:

> Contam os índios versados no sertão que bem no meio dele são vistos darem-se as mãos estes dois rios (Amazonas e Prata), em uma lagoa famosa, ou lago profundo, de águas que se ajuntam das vertentes das grandes serras do Chile e Peru, e demora sobre as cabeceiras do rio que chamam S. Francisco, que vem desembocar ao mar em altura de dez graus e um quarto.
>
> E que desta grande lagoa se formam os braços daqueles grossos corpos; o direito ao das Amazonas para a banda do norte; o esquerdo ao da Prata para a banda do sul; e que com estes abarcam e torneiam todo o sertão do Brasil; e com o mais grosso do peito, pescoço, e boca, presidem ao mar.
>
> Verdade é que, com mais larga volta, se avistam mais ao interior da terra encontrando-se não águas com águas, mas avistando-se tanto ao perto, que distam somente duas pequenas léguas; donde com facilidade os que navegam corrente acima de um destes rios, levando as canoas às costas aquela distância entreposta, tornam a navegar corrente abaixo do outro; e esta é a volta com que abarcam estes dois grandes rios 2000 léguas de circuito.

É em Simão de Vasconcelos que se encontram as referências aos monstros humanos, habitantes da selva brasileira, os famosos *coruqueans*, *matuyus* e *guayazis*, hoje tão populares graças ao estro de Bilac, como já lembramos.

Referindo depoimentos de índios, escreve o biógrafo de Anchieta:

> Diziam que entre as nações sobreditas moravam algumas monstruosas. Uma é de anões, de estatura tão pequena, que parecem afronta dos homens, chamados *guayazis*.[7]
>
> Outra é de casta de gente que nasce com os pés às avessas: de maneira que quem houver de seguir seu caminho, há de andar ao revés do que vão mostrando as pisadas: chamam-se estes *matuyus*.[8] Outra nação é de gigantes, de dezesseis pal-

---

[7] Esse povo fabuloso do Amazonas foi registrado, no século XVI, por Cristobal de Acuña antes mesmo das observações do jesuíta Simão de Vasconcelos, no século XVII. Os anões são criaturas mitológicas presentes na literatura arturiana como figuras mal-intencionadas ou malévolas. Já na literatura da Europa Oriental aparecem sempre como entidades auxiliares e prestativas.

[8] Descendentes dos povos monstruosos descritos por Aulo Gélio e Santo Agostinho. Presentes em todos os livros sobre *mirabilias* escritos no século XVI, esses povos de andar ao revés foram detectados pela primeira vez, em 1639, por Cristobal de Acuña, quando este descia o Amazonas.

mos de alto, valentíssimos, adornados de pedaços de ouro por beiços e narizes, aos quais todos os outros pagam respeito: têm por nome *coruqueans*.[9]

Finalmente que há outra nação de mulheres também monstruosas no modo de viver (são as que hoje chamamos "amazonas",[10] semelhantes às da Antiguidade, e de que tomou o nome o rio) porque são mulheres guerreiras, que vivem por si sós, sem comércio de homens; habitam grandes povoações de uma província inteira, cultivando as terras, sustentando-se de seus próprios trabalhos.

---

[9] Gigantes habitantes da Amazônia. A tradição envolvendo esses personagens remonta à Bíblia. Na Idade Média, as fábulas sobre a sua existência os dividia em dois grupos: por um lado, os gigantes pagãos, mistura de dados colhidos entre a Bíblia e a Antiguidade clássica; de outro, gigantes cuja origem é a mitologia dita "popular" e cuja lembrança é conservada por tradições orais.

[10] Frei Gaspar de Carjaval garantia tê-las encontrado no dia 24 de junho de 1541 na foz do rio Jamundá: "Estas mulheres", escreve ele, "são muito alvas e altas, com o cabelo muito comprido, entrançado e enrolado na cabeça. São muito membrudas e andam nuas em pêlo, tapadas em suas vergonhas, com os seus arcos e flechas nas mãos, fazendo tanta guerra como dez índios". A tradição foi seguida pelo padre Cristobal de Acuña, André Thevet e Gabriel Soares de Sousa até o século XIX, quando Spix e Von Martius tentam "obter alguma luz ou certeza sobre o caso".

Vivem entre grandes montanhas: são mulheres de valor conhecido, que sempre se hão conservado sem consórcio ordinário de varões: e ainda quando, por concerto que têm entre si, vêm estes certo tempo do ano a suas terras, são recebidos delas com as armas nas mãos, que são arco e flechas; até que certificadas virem de paz, deixando eles primeiro as armas, acodem elas a suas canoas, e tomando cada qual a rede, ou cama do que lhe parece melhor, a leva a sua casa, e com ela recebe o hóspede, aqueles breves dias, que há de assistir; depois dos quais infalivelmente se tornam, até outro tempo semelhante do ano seguinte, em que fazem o mesmo. Criam entre si só as fêmeas deste ajuntamento; os machos matam, ou os entregam as mais piedosas aos pais que os levem.

Reforçando o depoimento de Gândavo e de Gabriel Soares de Sousa a propósito do *hipupiara* e dos monstros marinhos antropóides, afirma Vasconcelos ter-lhes visto os esqueletos quase perfeitamente humanos!

Monstros marinhos têm saído à costa, de cuja espécie nem antes nem depois sabemos que houvesse notícia em outra alguma parte do mundo. Aqueles descobridores do Brasil viram o primeiro (de que já falamos) nas praias do Porto Seguro e depois deles foram tão vários os que se viram, e de tão monstruosas espécies, que requerem um tratado mui grande.

Dos peixes-homens e peixes-mulheres vi grandes lapas junto ao mar cheias de ossadas dos mortos; e vi suas caveiras, que não tinham mais diferença de homem ou mulher que um buraco no toutiço por onde dizem que respiram.

Fauna do Brasil segundo Nieuhoff (meados do século XVII)

6

Coréal. Dampier. Informes variados e mais verossímeis

Um dos enigmas da bibliografia francesa é o que se refere às *Viagens* de Francisco Coréal. Serão realmente obra de autor que existiu ou contrafação habilmente obtida por meio de cerzidura das relações de diferentes viajantes? É o que até hoje não se desvendou.

Já entre nós estudou o caso o erudito e sempre tão interessante Alfredo de Carvalho, com aquele enorme cabedal, tão seu, de conhecimento dos autores estrangeiros que escreveram sobre o Brasil.

Lembra o eminente escritor pernambucano que as *Voyages de François Corréal aux Indes Occidentales* tiveram, em 1722, a sua edição *princeps* em três volumes in-12 e a declaração de traduzidas do espanhol.

O editor era um livreiro amsterdamês, J. Frédéric Bernard, e foi o livro reimpresso em Paris no ano de 1728, em Amsterdã e em Paris respectivamente, ainda em 1736 e 1778. Possui a biblioteca do Museu Paulista um exemplar, também de 1722, em dois volumes in-12, edição de André Cailleau, em Paris, na praça da Sorbonne.

Trata-se, pois, de nova edição da obra de Coréal, e não Corréal, traduzida do espanhol, diz-lhe a folha do rosto. Serrano y Sansy na sua obra exaustiva, *Bibliographia castellana, autobiographias y memorias*, não cita o livro que deve ter servido de original às diversas traduções francesas.

Pode ser, aventa Alfredo de Carvalho, que a versão haja sido feita de manuscrito que se conservou inédito; é muito provável, porém, que se trate de algum caso de perfeita apocrifia, destes tão freqüentemente lançados à circulação pelos presos holandeses seiscentistas e setecentistas.

Seja como for, contrafeito ou não, no livro há coisas curiosas sobre o Brasil, especialmente sobre São Paulo e Bahia.

Dizendo-se nascido em Cartagena, no ano de 1648, partiu o mestre Coréal para as suas longas viagens aos dezoito anos de idade apenas. Em 1666, saiu de Cádiz, visitou as pequenas Antilhas, Cuba e Jamaica, São Domingos, e, em 1669, percorreu a Flórida, de cujos índios conta uma série de coisas bastante suspeitas. Estava em 1671 no México. Passou depois à América Central e a Nova Granada. Descreve estas diversas regiões americanas e ocupa-se em lhes pintar os costumes.

Tem-se a impressão de que era de temperamento absolutamente erótico. Muito o preocupou sempre a questão sexual nos diferentes povos de que fala, quer trate de índios, quer de colonos espanhóis ou portugueses. Diz horrores dos costumes do clero latino-americano, a que atribui a maior libidinagem.

Ao leitor, de todo, não ocorre a idéia de que seja um espanhol quem haja escrito as páginas sobre "as causas da decadência dos espanhóis nas Índias Ocidentais" ou sobre "os costumes e a religião dos espanhóis e dos crioulos das Índias".

Não é uma mentalidade castelhana que dita tais conceitos sobre assuntos castelhanos. Não há aí frase que não esteja a trair o calvinista, reparador acerbo das instituições de um povo a quem detesta e despreza. Nem jamais se apontaria, em escritor algum ibero, português ou espanhol, quem ousasse, nos princípios do século XVIII, dizer das coisas de sua gente o que o pseudocartagenense enuncia com o maior desabrimento de opiniões e palavras.

Pretende Francisco Coréal que, depois de haver vivido

algum tempo com os ingleses flibusteiros, foi à Inglaterra e de lá passou à cidade natal. Os pais já lhe haviam morrido, os amigos e colegas cada qual tomara o seu rumo. A ninguém mais conhecia em seu berço.

Assim, liquidando a pequena herança patrimonial, resolveu prosseguir na vida errante. Partindo para Lisboa, ali se embarcou para a Bahia, onde chegou a 31 de outubro de 1685.

D'O Salvador, de Santos e dos paulistas dizem-se coisas curiosas no livro de Coréal. Seja-nos permitido, porém, apresentar alguns argumentos acerca da apocrifia mais que presumível da tal relação de viagens do pretenso cartagenense.

Já nem falemos mais na impressão inconfundível deixada pela mentalidade que inspirou o livro: não é de todo espanhola. Nele ocorre o mais grosseiro estropiamento das mais comezinhas palavras castelhanas: *hilyo* por *hijo*; *diabolo* por *diablo*; *di* por *de*; *capo* por *cabo*, e uma série de outros vocábulos a que empresta aspecto fortemente italiano. Nem falemos ainda nas denominações geográficas, que estas o autor as deforma do modo mais grosseiro, escrevendo — o que é inadmissível para um espanhol: *Cordoua* em lugar de *Córdoba*; *Pueblo Veio* em vez de *Pueblo Viejo*; *Terra Fierma* (sic), *Rio Dolce* (sic) etc. etc.

Nada mais errado do que algumas frases castelhanas reproduzidas no texto: *Valghame Dios! Estas son heregas lutheranas!* etc.

Tratando do Brasil, ainda mais deturpadas vêm as palavras portuguesas: surgem-nos *Christian veio* por *cristão velho*. *Pernambuco* aparece metamorfoseado em *Pharnambuq*. E no entanto era, de toda a nossa nomenclatura geográfica, a palavra mais popular na Europa.

Não pretendemos, de todo, estar a descobrir a falsidade do imaginário viajante: a tal respeito são unânimes os dicionários enciclopédicos. É o nosso fito apenas reforçar, por meio de detido exame, a argumentação de tais informantes. Assim, em 1889, diz *La grande encyclopedie*: se a obra de Coréal alcançou algum apreço e teve várias edições, não é menos exato "que sejam muito pouco prováveis a existência de Francisco Coréal e a realidade de suas viagens".

Já assinalara o *Grand dictionnaire universel du xix siècle*: vários escritores tinham por certo que "alguém tomara o nome de Coréal para publicar sobre a América uma coletânea de documentos extraídos de diversos autores", opinião esta reproduzida no excelente *Nouveau Larousse illustré*.

Quanto ao *The century dictionary and cyclopedia*, obra não menos apreciável, entende que "tal livro é geralmente tido como fictício" e que os nomes Francisco Coréal a ele se anexam como com quaisquer outros se faria.

Dizem os dicionários que a edição *princeps* das *Viagens* é de 1722 e Amsterdã. O exemplar pertencente ao Museu Paulista provém de Paris e é de 1722 também. As *Viagens de Francisco Coréal*, propriamente ditas, ajuntou o editor André Cailleau, da praça da Sorbonne, a relação das jornadas de sir Walter Raleigh à Guiana, a de Narborough ao mar do Sul pelo estreito de Magalhães, outra de Tasman, cartas de missionários etc.

Sairiam, pois, a lume ao mesmo tempo? Serviu-se Alfredo de Carvalho para o seu "Um globe-trotter do século XVII", publicado na *Revista do Instituto Brasileiro* (tomo 72, parte segunda), da edição de Amsterdã, onde há tópicos que se não encontram na parisiense. Nesta, além de tudo, lê-se a transcrição de um aviso régio, dando o privilégio literário, sobre a obra, ao editor Cailleau, para a França, naturalmente.

Não conhecemos a edição holandesa, mas nela é o autor chamado Correal, segundo Alfredo de Carvalho, ao passo que a parisiense e todos os dicionários enciclopédicos lhe chamam Coréal.

Todas estas divergências e a coincidência das datas da primeira tiragem são, ainda a nosso ver, outras tantas demonstrações da flagrante apocrifia das *Viagens*. Vários capítulos consagra Coréal à nossa história natural e etnográfica: "Dos brasileiros indígenas e sua maneira de viver"; "Dos animais do Brasil"; "Das árvores, frutos e outras plantas do Brasil"; "Da guerra dos brasileiros indígenas e do modo pelo qual procedem em relação aos seus inimigos"; "Da religião dos selvagens do Brasil"; "Dos casamentos dos brasileiros e vários usos destes selvagens".

O que aí se lê nada de muito interessante revela; é a cerzidura das informações de muitos autores quanto à botânica e à zoologia. Percebe-se que o homem consultou a valer a obra de Marcgraf; quanto aos costumes, o velho Hans Staden. Com a salacidade habitual demora-se, detidamente, nos parágrafos referentes à vida sexual dos nossos selvagens.

Do tajaçu, o javali do Brasil, diz Coréal que vivia magro e escanifrado porque espumava contínua e extraordinariamente. Feio e disforme, o que o tornava esquisito era o buraco das costas, por onde respirava "como os porcos marinhos".

Veado esquisito era o *aguty*, de unhas caprinas, cauda curta e orelhas como as das lebres européias.

Pobre cutia transformada em veado!

Bicho de cabeça horrenda, mas de belíssimo couro, o *pag* ou *pagua* preto e branco (?).

Quanto ao *jacará* (sic), era ele um grande lagarto doméstico com que brincavam, impunemente, os meninos brasileiros.

Entre as feras brasileiras uma havia, odiada pelos índios: a *janowara*, que lembrava os galgos europeus pela altura, a gracilidade das pernas e a velocidade da carreira.

Bicho de pele mosqueada, o que o tornava de aspecto feroz eram as longas e cerradas barbaças. Terrível devastador de animais e homens, dele se vingavam os brasileiros quando o podiam surpreender em seu covil; faziam-no então morrer a fogo lento, com requintes chineses de supliciamento.

Também! Quem o mandava ser tão mau!

O *hay*,[1] do tamanho de um cão, com cara simiesca e ventre com enormes mamas pendentes, cauda e unhas lon-

[1] O *hay* é o descendente da mantícora medieval, entre os séculos XVI e XVIII. Na enciclopédia intitulada *De la nature*, de Thomás de Cantimpré

gas, era muito temido pelos índios, sobretudo por causa das garras imensas.

Ninguém jamais o vira comer nem beber. Vivia de ar!

O quati, no dizer de Coréal, tem a boca tão pequena que nela não cabe sequer o dedo mínimo. Quando apanhado, põe-se a rolar embolado de uma banda para a outra e era inútil tentar-se, pela força, querer desembolá-lo. Mas, se lhe apresentavam formigas ou outros insetos, este bichinho, guloso como raros, imediatamente se desenrolava. Virava peixe para morrer pela boca.

Na *ornis* brasileira um dos mais curiosos espécimes vinha a ser o colibri, cuja voz se apresentava estentórea! Cantava alto e melodiosamente como o rouxinol.

Os nossos morcegos é que tinham o tamanho e o volume das gralhas.

São estas as principais singularidades que o impostor Coréal narra e úteis ao nosso escopo.

(c. 1240), esse monstro arcaico surge com cabeça de homem, dentes e corpo de leão e silvo de serpente. Dizia-se dele que corria mais rápido do que as aves voavam e só se alimentava de carne humana. No século XVI ele aparece no já mencionado livro de Conrado Gessner como vivendo na América, possuindo pele aveludada e um rosto de "criança".

* * *

Apesar de amortecida pelo decurso de longos anos, ainda se conserva vívida nos fastos da armada britânica a memória de William Dampier, ousado marítimo que, nascido em 1652, começou a navegar desde menino e foi verdadeira celebridade em sua pátria, nos princípios do século XVII. Órfão e muito pobre, tivera, ao começar a vida, de trocar a escola primária pelo convés de um navio de pesca, na Terra Nova.

Navegou longamente no Atlântico Norte, no golfo do México e mar das Antilhas; adquiriu enorme prática desses mares, foi administrador de fazenda na Jamaica, fez-se flibusteiro, andou a piratear pelas costas do Peru, voltou à Inglaterra, engajou-se na expedição do capitão Cork, que pretendia saquear as cidades espanholas do Pacífico. Assistiu aos assaltos infrutíferos de Guaiaquil e da esquadra da prata peruana e, depois, agindo por conta própria, assaltou as povoações do norte do México.

Tendo sofrido sério revés, resolveu converter a sua jornada de flibustice em viagem circunavegatória. Cruzando pelas ilhas Nicobar, quis ali permanecer para montar uma feitoria, destinada ao comércio do âmbar. Teve muitas aventuras perigosas, em que, por diversas vezes, escapou de perder a vida e, afinal, conseguiu ir para a Índia, onde visitou numerosas cidades. Em 1691, estava de novo na terra natal, julgando-se que conseguiu entrar para a Marinha Real.

Em 1698 deram-lhe o comando do *Roebuck*, navio de doze canhões e cinqüenta tripulantes, incumbindo-o de empreender longa viagem de descoberta. Era o coroamento de ardentes desejos. Saído da Inglaterra, em janeiro de 1699, tocou na Bahia e daí singrou para a Austrália. Após haver visitado Timor e a Papuásia, atingiu a costa ocidental australiana, na baía que denominou dos Cães Marinhos. Já nesta época verificara que a Nova Guiné é uma ilha.

Pensava prosseguir nas descobertas pela Oceania, mas precisou voltar à Europa, não só porque já perdera muita gente de seu reduzido efetivo, como porque aos sobreviventes da longa navegação não conseguia mais impor a disciplina, exaustos como se achavam e exasperados.

De volta à Inglaterra, teve de abandonar o navio na ilha da Ascensão, tão avariado estava. Repatriado, não conseguiu conter-se. Sabe-se que em 1705 estava de novo no Pacífico e de 1708 a 1711 serviu na esquadra de Woodes Rogers, que fazia uma viagem circunavegatória. Foi quem pilotou a divisão inglesa no assalto a Guaiaquil, desta vez tomada e saqueada, sendo-lhe neste ataque confiado o comando da artilharia. Daí em diante não se ouve mais falar de Dampier. Ignora-se mesmo onde e quando morreu.

Escreveu muito e largamente sobre a autobiografia. Tiveram suas obras numerosas edições, sobretudo a *Viagem à volta do globo*, a *Viagem à Nova Holanda* e *Tratado sobre os ventos*.

Nestes livros havia muito que aprender, na época de sua aparição. Cheios de observações curiosas e importantes, redigiu-os em estilo atraente, revelador da energia e virilidade características da sua personalidade.

As observações náuticas trazem notáveis conhecimentos profissionais. Homem de real inteligência, muito se interessava pelas coisas da história natural, mostrando quanto conhecia do avanço das ciências em seu tempo, muito embora não as cultivasse.

Da sua estadia na Bahia restam-nos algumas páginas curiosas, onde numerosos e variados pormenores se lêem, muitos deles realmente saborosos, sobre os nossos costumes coloniais e a vida seiscentista da capital brasileira.

Inteligente e instruído como era, Dampier reservou nada menos de dezesseis páginas do relato de sua viagem às terras austrais para um apanhado da flora e fauna baianas.

Somente grafa nomes de plantas e animais por vezes de modo impagável e irreconhecível. Escutando-os em português com um ouvido mal habituado, quis dar-lhes, como era natural, a equivalência das vozes britânicas.

Assim, vemos citados entre os espécimes característicos da flora da Bahia: *sepiera*, o *vermiatico*, o *comesserie*, o *serrie*, o *fustich* e a *guittaba*, madeiras de lei. A *sepiera*, ótima para tesouras; o *vermiatico*, para canvas. O *comesserie* e a *guittaba* para obras navais, tão apreciadas quanto o carvalho na Inglaterra e mais duras que o roble; o *serrie*, muito semelhante ao olmo.

O *vermiatico* do ilustre marítimo deve ser o nosso vinhático; não há muita perspicácia em adivinhá-lo, mas aos outros lenhos é que se torna duro identificar. Muito interessante o que se conta da fibra da copa de um coqueiro, preto e semelhante à crina dos cavalos, fortíssima, imputrescível e a que os portugueses chamavam *tressabo* (sic). Por esta transformação da nossa piaçaba, avalie-se o que vai pelos outros nomes, coisa de *surmenagear* aos mais resistentes cérebros de etimologistas, destes que conseguem afiliar *alfana* a *equus*, segundo a conhecida pilhéria francesa.

Falando dos algodoeiros do Brasil, refere Dampier uma espécie nova, que atingia dimensões colossais, dando uma penugem admirável para almofadas e travesseiros. Infelizmente tão curta a fibra que era intecível, se nos permitem os leitores este neologismo quiçá necessário. À paina, não deve ser outra, não atribui Dampier nome português.

Falando das boas frutas do Brasil, lembra as laranjas, deliciosas (as de certa qualidade, então, maravilhosas), as limas e limões, doces romãs, ameixas (na Bahia chamadas *muncherons*), as uvas selvagens, as mangas, importadas da Índia, as nozes verdadeiras do cacau, as *bonanos*, *guavas*, os *mamuns*, os *cachius* e os *jennipos*, *arisás*, *pitangos* e *mericasás*, fruto delicioso de gosto picante e muito saudável, *pitumbos*, *mungarus*, *musterans de ova*, *otis*, *inguas*, *muquixós*, *dendis*, *mendibis* (sic, sic, sic!) e outras frutas a que ainda anexa até a mamona, ali chamada *carrepat*!

Destas diversas frutas (?!) fala-nos o navegante com alguma pormenorização: gaba a doçura do caldo dos *cachius*, o gosto picante dos *jennipos*, o sabor agradável dos *arisás*; o paladar excelente dos *pitangos*, a rudeza dos *pitumbos*. Os *mangarus* (?), grandes como as cerejas, vermelhos e brancos, não os provou, mas os *muquixós* (?) (*muchisaw*), do tamanho das maçãs selvagens, estes tinham bom gosto.

Do *ingua* (?) (talvez ingá) nada refere a não ser que provinha de grandes árvores. O *otis* passava por muito bom.

Quanto ao *musteran de ova*, redondo, do tamanho de uma avelã, negrusco, comia-se inteiro. Refere aliás o nosso viajante que descrevia tais frutas sob a informação de um irlandês, residente na Bahia.

Do *dendie* se fazia azeite: achou-o desagradável, este elemento primordial da cozinha vatapásica; quanto aos *mendibis*, comiam-se torrados, assim como as sementes de mamona!

Muita hortaliça e boa encontrou na Bahia, e drogas como a "raiz de cobra". Tomou a precaução de trazer dentro de livros muitas folhas secas da flora brasileira.

Tendo feito excursões no Recôncavo, anotou o nosso viajante quanto a terra lhe pareceu fértil com os seus prados admiravelmente vestidos e as suas plantações de cana, algodão, fumo, anil, milho, tubérculos comestíveis, de permeio com pomares opulentos e vastos.

Passando a tratar da fauna baiana, lembra Dampier a grande quantidade de aves selvagens: as *yemmas*, os *macaws* (araras), ali chamados jacus (sic), "grandes papagaios, mais raros que os demais", os *cogrecos*, *jeneties*, *boubys*, *noddys*, *galdens*, *currecons*, *curresos*, *maokeras* e os *só bico* (o tucano). É difícil a identificação destes pássaros, cujos nomes têm assonâncias tão pouco lusitanas. E tudo isto além de uma infinidade de pombos, cegonhas, patos, galináceos pernaltas, de beira-mar... etc. Avestruzes, só no sul da Bahia, e sobretudo na extremidade meridional da América do Sul. Como aves domésticas havia duas espécies de galinhas: os exemplares de uma delas levavam muito tempo a emplumar-se e atingiam grande desenvolvimento, o dobro do volume de uma galinha européia. Apreciadíssimas, vinham do campo esqueléticas, para serem engordadas na cidade, valendo até trinta e 36 vinténs cada uma! Preço enorme.

Como mamíferos, lembra Dampier "os cavalos, gado grande e pequeno, cabras, coelhos, porcos". Do bichinho pouco amado de Moisés e Mafoma passa ao leopardo, continuando pelos tigres, raposas, macacos, javalis (chamados *picas*, sic), tatus, crocodilos, *guanos* (chamados no Brasil *quitis*), lagartos, cobras, sapos e rãs, "além de uma espécie de criatura anfíbia a que os portugueses davam o nome estúrdio, e sem significação, *de cachorra de água* (sic), ao passo que os ingleses, muito mais inteligentes, simples e apropriadamente, apelidavam *cachorro-d'água* (*waterdog*)!, prova incontestável da superioridade cultural britânica, diria de si para si o nosso navegante e flibusteiro.

Tigres e leopardos, grandes e muito bravios, não chegavam mais à costa, rechaçados que haviam sido para o interior das terras. Macacos havia-os, muito grandes uns, minúsculos outros, estes horrendos e fedorentíssimos.

Muita cobra venenosa, como a cascavel, e uma, sobremodo perigosa, pequena serpente verde, de dezoito polegadas de comprido, a *cipó*, caluniada aliás, como outra também, a que chamavam os portugueses *cobra de dos cabeças*, animal vivendo à moda das toupeiras e de mordedura incurável!

Falando da *serpente-d'água*, a nossa sucuri, bicho de trinta pés de comprido, refere Dampier um processo curiosíssimo de apreensão das presas pelo gigantesco ofídio.

Eis uma nota a ser conservada pelos zoólogos, que tão pouca coisa ainda conhecem da biologia da monstruosa *Eunectes*.

No dizer do nosso informante, mergulhava a sucuri a cabeça apenas via aparecer à superfície das águas alguma refeição em perspectiva, homens ou animais, pois tinha o monstro uma capacidade formidável de deglutição. Escondida a cabeça, punha o bicharoco dez a doze pés de cauda fora da tona, que zurzia horizontalmente, varrendo a superfície das águas e a margem dos alagadiços com tanta violência, que nada lhe resistia. A presa agarrada era sufocada no fundo d'água. Era o caso de se perguntar se Arquimedes, na defesa de Siracusa, com o seu famoso cabo ou calabrote mecânico, que derrubava os pelotões romanos, não se inspirara na manobra, quiçá conhecida sua, de algum minhocão africano congênere do nosso e parente da famosa serpe imensa que se bateu com o exército de Régulo, segundo Tito Lívio.

"Há pessoas dignas de fé", conta-nos Dampier, "que afirmam projetarem tais cobras a cauda na direção em que percebem a sombra de um homem ou animal sobre a água, conseguindo os seus intentos freqüentemente. As pessoas que precisam aproximar-se de seus esconderijos disparam as espingardas de vez em quando para as assustarem. Assim se escondem aterrorizadas. Um irlandês relatou-me que, dias antes de minha chegada, quase lhe fora o sogro enlaçado pela cauda de um destes animais, que errara o bote de uma ou duas varas." Operação esta que causara enorme pavor ao redivivo velhote, o que aliás sem a mínima dificuldade se compreende. "Diz-se que tais cobras têm uma cabeça grande e bons dentes, do comprimento de seis polegadas."

Com receio de que o acusassem de contar casos mais tarde tidos como dignos do famoso barão germânico, e do fidalgo francês, seu êmulo, de nome gascão, ressalva o navegante: "Não vi, aliás, a mor parte destas criaturas de que acabo de falar, mas de pessoas de bom senso e dignas de fé, habitantes da Bahia e entre elas algumas que compreendiam o inglês, tive estas informações".

E ainda para que não se duvidasse da autenticidade da grafia de tantos nomes exóticos que acabara de traçar, ajuntou: "É bom avisar que eu escrevo todos estes nomes estrangeiros segundo o modo pelo qual a gente da terra os pronuncia!".

Fauna do Brasil segundo Nieuhoff (meados do século XVII)

7
Os holandeses no Brasil. Nieuhoff

Não tardaria, no século XVII, que de nova procedência, além da portuguesa, viessem contribuições enriquecer a biblioteca zoológica brasileira. A ocupação holandesa no Nordeste provocaria o aparecimento, como tanto é sabido, de numerosos trabalhos sobre a nova colônia batava, que a Companhia das Índias Ocidentais pretendia implantar no Brasil.

E quem conhece um pouco menos superficialmente as nossas coisas, de sobra sabe o que representa uma série de nomes ilustres ou reputados, como os de Marcgraf, Piso, Barlaeus, Laet, Montanus, Nieuhoff, Moreau, Linschoot, para só citarmos os mais conhecidos.

Dentre estes autores, um dos mais universalmente espalhados é João Nieuhoff, alemão vestfaliano, agente diplomático e comercial da Companhia das Índias, cuja vida política quase toda se escoou no Oriente longínquo.

E, com efeito, nascido em 1630 e entrando para o serviço da Companhia como *sobrecarga* (ofício cujo nome é hoje assaz *desueto* e tinha por atribuições o contrato da negociação dos navios mercantes), passou em 1654 a residir em Batávia.

Tanto se distinguiu que, no ano imediato, mandaram-no servir na embaixada especial encarregada de obter do governo do Filho do Céu a abertura dos portos da China ao comércio holandês.

Malogrou-se esta, graças à atuação dos missionários jesuítas que, então, tinham grande influência na corte do imperador Chun-Tchi, da casa dos Tai-Tsing, a dinastia manchu recentemente imposta ao Império do Meio pelos tártaros. Foi então Nieuhoff mandado a Amsterdã explicar aos diretores da Companhia o malogro de tais negociações.

Voltando, logo depois, ao Oriente, inspecionou as feitorias neerlandesas da Indochina e foi governador do Ceilão de 1662 a 1667. Ocupou-se então em organizar feitorias e depósitos em diversos pontos, tendo em vista o tráfico.

Em 1672, visitando as costas de Madagáscar, desembarcou certa vez e internando-se desapareceu. Debalde o esperaram os companheiros: jamais reapareceu. Supõe-se que haja sido assassinado numa emboscada dos malgaxes.

Deixou Nieuhoff relações de viagem sobremodo apreciadas no seu tempo; lograram numerosas edições e traduções. Além da narrativa de sua infeliz embaixada, citam-se diversos trabalhos deste autor batavo-germânico.

Postumamente se imprimiu, em Amsterdã, em 1682, a sua *Viagem pitoresca ao Brasil, marítima e terrestre* ou, na língua original, *Gedenkweerdige Brasiliaense Zee en Lant Reize*, profusamente ilustrada e de que há assaz vulgar tradução inglesa. Nesta se intercala a iconografia da tiragem holandesa.

Nas pranchas zoológicas de Nieuhoff ocorrem reproduções de animais nossos absolutamente impagáveis, como, por exemplo, os altamente fantasiosos *mieren-eeter*, misto de raposa e tamanduá; *schiltverken*, híbrido de queixada e tatu; *hooyschrenkel*, produto de gafanhoto e libélula, com face humana; o *vliegent draekye*, espécie de lagarto alado ornamentado de magnífico bócio etc.

Vejamos, porém, alguns fatos interessantes relatados por Nieuhoff sobre a zoologia brasílica.

O camaleão ou salamandra indiana, também chamado

gekko, não ocorria somente no Brasil e sim também na ilha de Java.

Gekko era-lhe o nome onomatopaico. Berrava este camaleão insuportável e longamente.

Bicho de um pé de comprimento e de dentes tão fortes que até se gravavam em placas de aço, tinha o sangue tão venenoso, que de uma mordida sua só escapavam os míseros humanos que incontinenti lhe aplicassem o ferro em brasa ou fossem logo às de cabo amputando o membro atingido! O sangue do *gekko*, gélido já pelo aspecto, dava sinais de sua letalidade terrível.

Em Java, para envenenarem as flechas, assim procediam os indígenas: penduravam o demônio da salamandra de cabeça para baixo; começava a babar e o líquido que dela saía era recolhido em pequenos potes e posto a evaporar-se ao sol.

Durante meses mantinham os javaneses o batráquio-lacertílio alimentado nesta posição de suma comodidade. E assim se obtinha "o mais forte dos venenos do universo".

A urina do *gekko*, esta era tão terrível que não só empolava a pele como tornava a carne negra, causando gangrena imediata!

Ele, Nieuhoff, vira no Recife fazer-se enorme buraco

numa parede onde se entocava um *gekko*, cuja vizinhança alarmava a todos.

Entre as cobras inúmeras do Brasil, cita o nosso autor uma série de serpes de nomes pitorescos: *boiguaçu* ou *siboya*, *arabo*, *bioby*, *boitrapo*, *amorepinima*, *kakaboya*, *jakapekoaja*, *bapeba*, *gurinipaijaguara*, *vona*, *kurukakutinga*.

Algumas destas serpes ele as batiza de modo menos estropiado, como *kurukuku*.

E algumas vêm designadas pelos nomes reais, como boicininga, *jararak*, *kaninana*.

Enumerando estes ofídios, começa Nieuhof por descrever o que os indígenas chamavam boicininga ou *boisuira*, e os portugueses *kaskaveda* (sic!) ou tangedor.

Um guizo de cascavel colocado no reto era causa de morte instantânea do paciente! Muito mais lentamente agia o dardo da serpe.

Bom remédio contra os acidentes ofídicos era o que se usava no Brasil: cortava-se a cabeça da cobra e esmigalhava-se-a num pilão até se obter uma cataplasma, a ser aplicada sobre a parte ofendida. Muito mais eficaz se tornava o emplastro quando recebia a contribuição da saliva de um homem em jejum. Quando o veneno afetava as partes nobres do corpo, usava-se a *piproka* como cordial acompanhada de fortes suadouros.

A cobra *guaku* ou *siboya*, o gigante dos ofídios, era chamada pelos portugueses *kobre dehado* (sic). Não tinha lá esses venenos. Nem de longe se comparava, portanto, à cobra *vaga* ou *cobra de das cabeças* (sic).

São estas, quer nos parecer, as mais interessantes particularidades que sobre a zoologia fantasiosa do Brasil ministra aos seus leitores o autor alemão, a serviço dos batavos, inventor do café com leite, segundo reza a tradição dos fastos da rubiácea *Brasiliae fulcrum.*

8

Pedro Aucourt e Padilha e suas "Raridades" Valor desta obra como padrão de cultura Curiosidades e mais curiosidades

Bem pouco se conhece de Pedro Norberto de Aucourt e Padilha, fidalgo da Casa Real Portuguesa, cavaleiro da Ordem de Cristo, secretário da Mesa do Desembargo do Paço. Nascido em Lisboa em 1704, ainda em 1759 vivia.

Não conseguiu o admirável Inocêncio,[1] quase sempre informadíssimo, fixar-lhe o milésimo do desaparecimento do mundo.

Como é lacunosa e deficiente a bibliografia luso-brasileira! Mais merecia o nosso Padilha do que as pequenas referências a seu respeito divulgadas.

Basta lembrar que, de sua autoria, corre o primeiro li-

[1] Inocêncio Francisco da Silva (1810-76), autor do *Dicionário bibliográfico português*, inestimável obra aplicável a Portugal e ao Brasil.

Indio da tribo dos iwaipanoma, existente na Amazônia segundo mapas holandeses do século XVIII

vro português narrando a viagem terrestre de Lisboa a Paris, "obra escrita com muita curiosidade, dando notícias históricas e políticas ainda hoje dignas de leitura com algum interesse, pelas particularidades que encerram".

Depois desta descrição de uma jornada, naquele tempo, longa e trabalhosa, publicação de 1746, com mais de 350 páginas in-quarto, ainda aparece como biógrafo da "sereníssima senhora d. Isabel Luísa Josefa, jurada princesa destes reinos de Portugal e Algarve", calhamaço volumoso e raro.

O terremoto[2] tremendo do dia de Todos os Santos, que arrasou a capital de d. José I, levou-o a entregar aos prelos os curiosos *Efeitos raros e formidáveis dos quatro elementos, dedicados ao infante d. Manuel*, obra escrita para confortar os ânimos dos que se achavam aterrados pelos horrores da catástrofe. E logo depois ainda lhe ajuntou uma *Carta em*

---

[2] No dia 1º de novembro de 1755, em que se comemorava a festividade religiosa de Todos os Santos e as igrejas regurgitavam de fiéis, um terrível terremoto, seguido de um maremoto no rio Tejo, destruiu a cidade de Lisboa. Estima-se que aí morreram entre 10 mil e 15 mil pessoas. O terremoto registra a ascensão do marquês de Pombal, secretário de Estado e homem forte de d. José I. Condutor de mudanças políticas, nos 27 anos que governou não deixou de agir em nenhuma esfera da vida portuguesa, investindo em reorganizar o Estado e o comércio.

que se mostra a falsa profecia do terremoto de primeiro de novembro de 1755.

Desde o momento em que se viu levado a tratar dos grandes fenômenos telúricos, descambou Aucourt e Padilha para o estudo das coisas maravilhosas; daí a composição do seu volume das *Raridades da natureza e da arte, divididas pelos quatro elementos, escritos e dedicados à majestade d'El Rei Nosso Senhor d. Joseph i* (Lisboa, na oficina de Francisco Luís Ameno, 1759, in-quarto de 504 págs.).

Entende Inocêncio, de cuja maravilhosa ciência das coisas portuguesas nos valemos, que tal obra é "livro de muita curiosidade e recreação, para o tempo em que seu autor o publicou".

Para nós a obra de Aucourt e Padilha possui inestimável valor por causa de um de seus tópicos, aliás brevíssimo, aquele em que relata a ascensão, em presença de d. João V, do aparelho de papelão construído por Bartolomeu de Gusmão.[3]

[3] Padre Bartolomeu Lourenço de Gusmão, jesuíta e precursor aeronáutico brasileiro (Santos, 1685 - Toledo, 1724). Nomeado por d. João V capelão da Casa Real, concebeu um aeróstato a que chamou "instrumento de voar" e conseguiu interessar o rei na realização do projeto. A

Isto ele o imprimiu em 1759, *24 anos antes das primeiras experiências dos Montgolfier.*[4]

É a primeira obra impressa em língua portuguesa, quer nos parecer, em que se haja relatado a subida da *Passarola.*

No mais as *Raridades* têm real valor, mas unicamente como documento das crendices e abusões correntes no público português de seu tempo.

Traduzem a ingenuidade, a boa-fé, a credulidade de um homem, fidalgo da Casa Real, cavaleiro da Ordem de Cristo, secretário da Mesa do Desembargo do Paço e não portanto nenhum qüidam. Pela sua mentalidade se aferia certamente a de muitos dos principais portugueses seus contemporâneos.

Este tratado das *Raridades da arte e da natureza*, dedi-

---

primeira tentativa de vôo foi realizada no Pátio da Casa da Índia, Lisboa, a 5 de agosto de 1709, na presença da corte, vôo que, aliás, malogrou. Realizou mais duas tentativas, conseguindo numa delas que o balão se elevasse a quatro metros do solo. O povo cognominou o aparelho Passarola e a Gusmão, Voador.

[4] O autor grafou erroneamente a palavra *montgolfière*, que designa o balão aerostático inventado em 1782, na França, por Montgolfier e mais tarde aperfeiçoado por Pilastre de Rozier.

cou-o Aucourt e Padilha, como vimos, à majestade fidelíssima do sr. d. José I, rei de Portugal e dos Algarves etc. etc.

E tal oferta, sobretudo para se enquadrar em sua época, não podia deixar de ser laudatória.

Assim discorrendo sobre os quatro princípios imaginados pela escola aristotélica como base da constituição do mundo, queria lembrar a Sua Majestade as palavras do conde de Cervellon a Carlos II da Espanha: "ocupara o ar com seus aplausos, a terra com os seus exércitos, a água com os seus navios, deixando o fogo para os corações dos vassalos"!

Mas isto que hipérbole fora em Castela, podia-se com verdade proclamar em Portugal, sobretudo porque o fogo que purificava as próprias chamas no generoso espírito de Sua Majestade não procurara outro centro para ilustrar as suas luzes!

No prólogo explica o nosso Padilha o que o levara a compor o seu volume: o combate à ociosidade e a obediência às inclinações literárias. Era a recreação dos livros heróica indústria para poder alguém ser feliz sem depender da fortuna.

Acabava Lisboa de ser arrasada pelo tremendo terremoto de primeiro de novembro. Não só arruinara o autor do novo tratado, e sepultara inúmeras vidas, como as oficinas da sabedoria pela perda das bibliotecas.

Assim se tornara preciso recomeçar a reunir novos elementos de cultura e civilização sob pena de grave retrocesso da nação portuguesa.

Tinha o mestre Aucourt seus receios das severidades da crítica acaso reservada às suas lucubrações filosóficas e enciclopédicas. Mostrava-se temeroso da censura "nascida da vil malevolência da vontade".

Verdadeira peste da república das letras, atrevidamente cruel, essa crítica "da petulância não respeitava a graduação dos sujeitos". Que o dissessem Platão e Cícero! Que se ouvissem a tal propósito as queixas amargas até de um são Jerônimo!

Por este motivo respondera o grande Antônio Vieira com um simples sorriso aos comentários agressivos de uma freira "porque o desprezo era o mais próprio castigo para a soberba".

O doutíssimo oratoriano Manuel Monteiro recusara ler as sátiras feitas contra o seu *Novo método* "reputando tão grave pecado perder o tempo em lê-las como em forjá-las". Feijó, este, categórico, declarava em seu prólogo que jamais tomaria conhecimento do que contra ele dissessem "pretendendo instruir ao público e não responder a ignorantes".

Citando outros graves e doutos autores, passa o nosso homem forte descalçadeira "aos zoilos e faetontes da crítica, aos sapateiros reparadores de Apelles".

Termina por estas cândidas palavras, reveladoras de sua suma modéstia:

> Bem sei que todas estas ponderações deviam intimidar-me a não expor-me como autor à face do mundo, porém só como as obras sublimes vejo argüidas estou seguro de que as minhas não sejam censuradas.
>
> Se não obstante o forem, pouco importa que os críticos de má boca as não possam tragar, padeceu maior injúria a *Ilíada* de Homero em ser engolida por um jumento, que não só a despedaçou mas também a comeu.
>
> Enfim sofrê-las-ei como se sofrem as sevandijas do estio, que suposto inquietam não causam outro dano.

Assim, como vê o leitor, sangrava-se em saúde o bom do homem que aplicava à *Ilíada* o restritivo autoral a seu ver indispensável.

Escritas as *Raridades*, que Francisco Luís Ameno ia imprimir na sua Oficina Patriarcal, era preciso fazê-las passar pelas forcas caudinas das licenças,[5] do Santo Ofício, do Ordinário e do Desembargo do Paço.

Pela Inquisição falaram seus qualificadores d. Tomás Caetano de Bem e frei Francisco de São Luís. O primeiro desembaraçou o livro por nele nada encontrar contra a religião católica. "Estudo deleitável e útil, constituía um painel da onipotência divina."

Seu colega muito menos longo foi qualificando o livro de volume de proveitosa leitura, constituía até como que uma enciclopédia de conhecimentos gerais. Admirável que um homem ocupado com os negócios do Primeiro Tribunal da Corte ainda achasse tempo para compor tão proveitosas páginas!

Prestigiosíssima a aprovação que se segue à dos dois qualificadores. Assina-a o nome ilustre de Diogo Barbosa Machado.[6] E em que termos! "Para imortal crédito do sublime

---

[5] As licenças para a publicação de livros eram obrigatórias em Portugal, desde o século XVI. Em 1536 são exigidas aquelas do Santo Ofício da Inquisição; as do Ordinário, ou da autoridade episcopal, são uma conseqüência do Concílio de Trento (1543-63) e datam de 1570; em 1576 sai um alvará tornando obrigatórias as licenças régias.

[6] Intelectual da corte de d. João V que, além de uma *Memória* sobre

talento e erudita instrução dos seus patrícios, nunca cessa a pena, sempre elegante, do autor deste livro na laboriosa produção de diversas obras, sucedendo umas às outras com mais copiosa abundância, do que aquele com que o fingimento poético orna a árvore plantada no jardim das Hespérides, coroada de sucessivas frutas tão estimáveis pela matéria como pela fecundidade."

Terminava este foguetório por formidável girândola: "Eterniza-se nos fastos da república literária o nome do autor credor dos aplausos da fama".

Pelo Desembargo do Paço falou, dando o *placet*, o oratoriano João Chevalier. Lembrou ao rei que aquele livro era "verdadeira enciclopédia de conhecimentos científicos, acompanhada de bem fundados discursos, sólidas reflexões, discreta e inédita crítica, nascida de uma erudição vasta e de raro engenho".

Assim apadrinhado, entrou o volume do nosso Aucourt e Padilha no mundo da biblioteca lusitana.

Vamos a ver se os seus ensinamentos realmente correspondem aos elogios dos que lhe permitiram o trânsito pe-

d. Sebastião, em quatro volumes, deixou com a *Biblioteca lusitana* (1741-47-52-59) a primeira grande bibliografia portuguesa.

las livrarias. Distribui-se o alfarrábio por dez seções correspondentes aos quatro elementos aristotélicos e à magia natural e artificial, intercalando-se-lhes uma parte intitulada: "Introdução sobre a arte".

Consagra-se a primeira seção, como era de esperar, à terra, englobando numerosos e variados capítulos, sobre animais e plantas raras, natureza rara da terra e petrificações, vegetação de metais, isto de envolta com gigantes e anões, sátiros e centauros, partos monstruosos e hermafroditas, indivíduos viventes que não bebem, nem comem etc. etc. Como vê o leitor, é o programa variado e largo.

Tratando da grave e debatida questão da simpatia e da antipatia, lembra o autor que os naturalistas, "atribuindo à simpatia ou à antipatia os efeitos raros da natureza, deixaram na mesma escuridão os seus milagres sem explicarem alguma causa destes efeitos porque davam este nome a tudo o que não entendiam".

Simpatia era no entanto o parentesco do coração e do gênio. Por este motivo o elefante se domesticava à vista do carneiro e a vinha tinha horror à couve!

Já o grande Agripa notara a ojeriza extraordinária do crocodilo pelo escorpião, do leão pelo gato, da doninha pelo sapo. Parecia menos exata a pretensa má vontade do lobo pela ovelha. Cremos que a "antipatia irreconciliável" por nosso autor assinalada não é a arquiconhecida "la raison du plus fort est toujours la meilleure".

Na espécie humana as questões de simpatia se mostravam curiosíssimas.

Por exemplo, em Bruxelas, havendo certo sujeito rico perdido, em uma rixa, o nariz, comprou o de um pobre-diabo, a quem o cirurgião amputou o apêndice, transferindo-o ao rosto do desfigurado rixento. Pois bem, ia tudo às mil maravilhas quando, passados treze meses, começou o tal nariz comprado a apodrecer, caindo logo depois. Por quê? Porque o desnarigado que o vendera havia morrido!

Coisa muitíssimo sabida: os picados da tarântula só ficavam curados quando os aracnídeos agressores morriam!

Também coisa incontestável: os pós simpáticos deitados à urina de um enfermo e metidos em uma garrafa, bem tapada e coberta de cinza quente, faziam o doente transpirar apenas se aquecia o líquido. E o cirurgião-mor, dr. Torres, afiançava que "os efeitos de tais eflúvios eram tão poderosos que se faziam sentir até a uma légua de distância"!

Mas simplesmente pasmoso vem a ser o que o cavaleiro professo na Ordem de Cristo e fidalgo da Casa Real relata do caso de uma criança castigada, de certa e pouco olorosa travessura, por meio de simpatia.

Ouçamos-lhe as próprias e interessantes palavras, neste relato em que pessoalmente figura: "Pouco tempo há que no jardim de minha quinta, achando-se entre as murtas um asqueroso depósito, mui oposto à fragrância das flores, lhe deitaram um pouco de brasido para castigar o autor dessa imunda travessura; e não passaram dois dias, que uma criança que confessou tê-la cometido não estivesse com a parte inferior tão queimada, que fazia lástima vê-la e foi necessário curá-la".

Para justificar este e outros casos espantosos, lembra o nosso autor o que dizia o padre Estácio de Almeida, oratoriano de finíssimo juízo: "os filósofos modernos fogem de falar nos fenômenos de eletricidade porque talvez lhes desmanche as regras em que nos explicam os outros".

Aí estavam os antigos e as mais notáveis autoridades a relatar fatos na aparência extraordinários. Não lembrava Plutarco magnífico remédio para reduzir o touro mais feroz à mais completa mansidão? Bastava amarrá-lo a uma estaca de figueira. Uma cauda de lobo posta numa cavalariça não era suficiente para enfastiar os solípedes completamente, a ponto de os fazer emagrecer e muito?

As questões de simpatia entre os homens se verificavam sobretudo com os gêmeos. Conhecidíssimo, em França, o caso do presidente de Bauquemar. Tinha este magistrado um irmão militar que em combate recebera mortal ferida. Pois bem! À hora de sua desgraça, o irmão, sentado em seu gabinete, sentiu os mesmos efeitos, morrendo poucos dias depois!

Por estes, e outros motivos, recomendavam os naturalistas a ação terapêutica dos frutos e plantas cujas formas lembravam as dos órgãos humanos na cura das enfermidades destes.

Eis aí por que em São Paulo, ao morrer o venerável Belchior de Pontes, lhe deram a comer bucho de ema torrado, com a esperança de que pudesse moer os grandes cálculos vesicais que lhe causavam horríveis dores, relata-nos o bom padre Manuel da Fonseca, em sua vida do ilustre inaciano paulista.

O caso da aplicação da carne de rato torrada e do pêlo de cão à cura das mordidas do roedor e do canídeo derivava da mesma ordem de idéias. Afiançava Aucourt e Padilha que para a picada da víbora só valia a aplicação, sobre a ferida, da cabeça esmagada da serpe; para a do crocodilo, a gordura do mesmo sáurio.

Como explicar semelhantes prodígios? Comparando-os ao caso dos instrumentos musicais, em que a vibração de uma corda punha também em movimento as demais.

A natureza cheia de prodígios não oferecia folhas das quais uma das páginas provocava chagas e a outra curava?

À afinidade da simpatia contrapunha-se a repulsão das antipatias.

Seria impossível fazer medrar em contigüidade carvalhos e oliveiras, vinhas e loureiros! As andorinhas odiavam as rãs e igualmente as ovelhas; assim também os veados às cobras, o elefante ao sapo e ao porco. Por que razão o galo se assustava vendo o milhafre? Seria por medo? Não! Nunca! Se ele não tinha o mínimo receio do leão! Referiam-no uma série dos mais prestigiosos nomes, como os de Plínio, Escalígero, Opiano e muitos mais.

Segundo santo Isidoro de Sevilha, qual o melhor meio de curar a borrachos crônicos de seu vício? Dar-lhes a beber vinho em que enguias fossem afogadas. No entanto, um amigo do autor, pessoa de toda a respeitabilidade, fizera várias vezes tal experiência, e sem resultado algum!

Mas o mais curioso é que existiam "iguais raridades no amor e no ódio". Tal o ódio da águia ao pobre do pato que as suas penas postas em contato com as do palmípede a estas destruíam muito mais rapidamente do que às de outras aves!

Como a víbora temesse o caranguejo, graves médicos recomendavam muito aos picados pela serpe que comessem crustáceos abundantemente. Era bem sabido o ódio entre o leão e o lobo cerval. Pois bem, os sangues dos dois carnívoros, postos no mesmo vaso, não se misturavam tal qual se dava com a água e o azeite. Até entre os homens tais fenômenos ocorriam. Quem desconhecia o caso da incineração dos cadáveres dos dois irmãos, filhos de Édipo, os famosos e irreconciliáveis Etéocles e Polinice? As chamas que lhes consumiram os corpos se separaram, mostrando, pela última vez, o tremendo rancor que os agitara a vida toda.

De antipatias célebres refere o nosso Padilha muitos casos: tal a do príncipe de Schwartzemberg, que tão grande asco tinha aos ratos que bastava a passagem de um murídeo, por perto de si, para fazê-lo ter febre! O rei d. Pedro II, de Portugal, jamais tomara vinho nem azeite, líquidos que lhe causavam a mais absoluta repulsão.

Tais efeitos se comunicavam até aos objetos inanimados. Se perto de um tambor de pele de cordeiro faziam rufar outro de couro de lobo, o primeiro enrouquecia!

Diante de tal afirmação, observamos nós, quem recusará acreditar na história da hidrofobia do casaco do barão de Munchausen, de que resultou o espedaçamento de toda a rouparia do fidalgo, estraçalhada pelo paletó mordido?

Abundavam os mais curiosos resultados das antipatias.

Quantas vezes a dois enfermos em uma casa fazia maior efeito a purga ao que a não tomara do que àquele que a bebera?

Os mordidos das aranhas da Albânia morriam, uns rindo inextinguivelmente e os outros chorando interminavelmente.

Era isto o que explicava o caso singular da virtude do toque de algumas pessoas.

Às vezes procediam as simpatias de virtudes conferidas sobrenaturalmente, como se dava com os reis de França, cuja imposição de mãos curava as alporcas.

Freqüentemente, porém, outras causas explicavam estas singularidades.

Tal o caso relatado pelos doutores Ludovico Bartema e Odoardo Barbosa. Certo rei de Cambaia, criado desde pequeno com veneno, era tão pestilento, em seus humores, que tudo quanto tocava deixava apestado. Bastava cuspir em uma pessoa para a matar! "Nenhuma de suas mulheres chegou a ter mais vida que a noite de seu noivado."

Assim Sua Majestade de Cambaia se mostrava mil vezes mais mortífero do que o Barba Azul, que praticava a infância da arte da poligamia com o seu famoso gabinete de mulheres dessangradas.

Aos fenômenos da simpatia se prendiam os casos intitulados de "vistas perniciosas". Enquadrava-se aí aquele a que se referiam notáveis autores, como Plínio e Solino: a da cabra Catolesa, da fauna líbica, cujo bafo envenenava o ar e fazia morrer os viventes que a ela se chegavam. Não havia muito, toda a França se admirara do caso relatado pelo *Journal de Verdun* em novembro de 1735, verdadeiramente prodigioso. O do sujeito que pondo-se a fitar um sapo fazia com que o animal, dentro em pouco, caísse em convulsões e logo depois morresse. Mas de repente, um belo dia, se soubera que, repetindo a experiência com certo sapo, pusera-se o batráquio a olhá-lo com tal arrogância, que o fizera cair, desmaiado a ponto de todos o imaginarem morto.

Os romanos, segundo Plínio, sabiam da existência, na Cítia, de mulheres que tinham as meninas dos olhos dobradas, fazendo morrer todas as pessoas a quem fitavam.

Ainda em 1710 a Academia das Ciências da França abraçava a opinião de que dos ovos de galinha sem gemas gerava-se o basilisco, o pestífero lagarto de tão perigosos olhares.

Em Nápoles queimara-se, em praça pública, um sujeito que prostrava morta qualquer pessoa, com a simples vista. Ao começar o suplício, confessara que destarte trucidara um bispo!

Mas não faltava quem objetasse: por que então não matava os juízes que o haviam condenado?

Esta questão da acuidade da visão, que podia ser benéfica ou maléfica, documentavam-na os doutos. Neste número estava o dr. Willes. Conhecera este sábio certo sujeito cujo cérebro tinha temperamento tão cálido que, depois de ter o homem bebido abundantemente vinho espirituoso, podia ver distintamente nas trevas.

Parece, acrescenta o nosso Aucourt, que esta faculdade se havia também de comunicar a quem estivesse perto dele.

A respeito dos fenômenos humanos largamente se espraia o cavaleiro de Cristo.

E de passagem relata que d. Manuel, o Venturoso, também devia ser alcunhado "longímano" como o persa Artaxerxes, pois, estando ereto, podia com as mãos tocar os joelhos.

Do papa Urbano VIII não se contava que o embalsamamento lhe revelara a presença de um osso atravessando-lhe o coração?

E Bayle,[7] autoridade de tão grande prestígio, conhecera certa dama francesa que à cabeça trazia "aquele ornato que nos varões casados seria descrédito e nos solteiros agouro".

Bartolino, o grande fisiologista e anatomista, o homem das glândulas salivares, não atestava que certo frade de são Justiniano, em Pádua, tinha os mesmos penachos à cabeça e remoía o comer como um boi?

Doenças extravagantes relata-nos Aucourt em barda, citando a de certo pastor francês, homem alto e rijo, a quem em tempo os ossos lhe amoleceram a ponto de poder dobrá-los! A sua estatura minguara, acabando o pobre por ficar do tamanho de um menino de três anos.

Quanto aos gigantes, o seu caso era controverso. Vários doutos os admitiam e outros lhes negavam a existência.

Falava Plínio do árabe Gabara, homem de mais de três metros. Golias tinha mais de cinco e Og, rei de Basan, perto de sete. Monsieur Henrion, acadêmico da Academia de

---

[7] O autor se refere a Pierre Bayle (1647-1706), escritor francês e protestante, autor, entre outros, de *Pensées sur la comète*, em que desmentia várias superstições populares. Sua luta contra a intolerância religiosa levou-o a adotar um ceticismo irreverente e a tornar-se um precursor dos filósofos do século XVIII.

França das Belas Letras, chegara por meio de sábias deduções a descobrir que Adão devia ter 36 metros de alto e Eva 35,4! Já Moisés só contava cinco! De seu tempo para cá andava o *Homo sapiens* a ficar nanico!

Sábios ingleses haviam averiguado que o homem deitado espichava porque o curso dos espíritos o dilatava, sobretudo quando dormia.

Continuando a sua resenha de fatos extraordinários, lembra Aucourt e Padilha, a propósito da relação entre a sobriedade e a duração da vida, o caso espantoso de certo frade trino, frei Luís Salazar, que pereceu no terremoto de Lisboa.

Com cem anos de idade, comia e bebia por cem homens, toda a casta de manjares, e diversidade de bebidas, "apesar da pasmosa raridade de que jamais descomia sem o intervalo de quinze ou vinte dias: a não se empenhar toda a terra no golpe de sepultá-lo, parece que ele e o mundo veriam ao mesmo tempo o seu fim".

Nos capítulos sobre "pessoas decrépitas que tiveram sucessão e outras que tiveram grande número de filhos", lemos coisas interessantíssimas. Assim, aí se narra o caso, averiguado, indesmentível, de Mechtilde, condessa de Holanda que com um só parto aumentou o número dos batavos de 366 unidades, de ambos os sexos!

Nas páginas sobre a antecipação do entendimento recolhe o fato espantoso do menino de Lübeck Cristiano Herecken, nascido em 1721. Aos treze meses sabia as Escrituras Sagradas de cor e salteado! Aos dois anos e meio estava senhor da geografia e da história e falava latim e francês perfeitamente. Aos três anos era insígne genealogista e aos quatro morrera na Dinamarca, aonde fora cumprimentar o rei desse país.

Duvidassem os críticos de tal prodígio!, quando uma série de autores doutíssimos os abonavam. Ele, Aucourt e Padilha, lhes responderia esmagando-os com os conceitos do grande Feijó! “Nuestro grossero modo de discurrir la possibilidad al extrechisimo ambito de la experiencia. Aquello que nunca vemos imaginamos repugnante. Como si lo poco que Dios haze presente á nuestra vida fuesse el ultimo esfuerzo de la omnipotencia. Poner raya a lo possible es poner-se-la al todo poderoso.”

Continuando a sua resenha, passa o mestre Padilha a tratar das crianças de extraordinária vida uterina. Assim, nos conta da duquesa de verdade, de quem falava o douto autor Alberto Gratz: “pejada durante dois anos, tivera um rapaz que não só andara logo depois de nascer, como falava perfeitamente tudo.”!

9
Anomalias, prodígios, curiosidades fenomenais do mundo zoológico

No capítulo consagrado às monstruosidades, vemos coisas de suma curiosidade. Em 1759 um autor abeberado em Plínio e santo Isidoro de Sevilha,[1] Aulo Gélio e Deodoro de Sicília, fala-nos de homens habitantes das paragens recônditas[2] do mundo. Uns com quatro olhos e outros com

[1] Respectivamente, santo e doutor da Igreja (Cartagena 580 - Sevilha, 636), considerado o maior erudito de seu tempo e autor de *Etimologias*; crítico latino (c.130 d. C.) autor de *Noites áticas*, recheada de informações sobre escritores arcaicos; historiador grego e autor de uma história universal (c. 1 a. C.)

[2] Tributários da literatura teratológica medieval, esses humanos monstruosos ocuparam a imaginação de teólogos como Beda, o Venerável (672-735) ou Martinho Lutero, que procuravam decifrar, nas suas formas, uma mensagem divina. A exegese dos monstros desenvolve-se a partir do sécu-

O Hay, *animal monstruoso que figura em numerosas cartas da América do Sul e do Brasil no século XVII*

um só, outros sem cabeça, tendo as feições da cara perto do peito, outros sem nariz, outros com o beiço superior tão comprido que lhes podia cobrir o rosto, outros quase sem boca, outros ainda com os pés tão grandes que lhes serviam de barraca ao se deitarem, outros mais ainda com pés de boi e não menos de oito dedos em cada pé e mão.

Ainda acudiam outros, os *panosiemos*, o que queria dizer "todo orelhas", por as terem tamanhas os ditos apêndices que nelas se embuçavam como em capote, outros com duas línguas, rasgadas até as goelas, filhos da Taprobana, outros cobertos de penas, da Índia.

Os tais de duas línguas falavam dois idiomas simultaneamente! Nada mais natural! Para que então teriam duas línguas? Meio assarapantado, no meio de tantos prodígios, anota o nosso Aucourt, um tanto em dúvida ainda, pois "al-

---

lo XII na forma de bestiários ou tratados de moral. Tomás de Cantimpré, um dos autores que nessa época procurou encontrar um sentido para a existência de homens monstruosos, associava os cinocéfalos, com cabeça de cachorro, à calúnia; os pigmeus, à humildade; os panocienos, à maledicência etc. Os monstros serviam, tanto nos textos como nos capitéis das igrejas medievais, para um verdadeiro exercício de pedagogia moral.

guns viajantes, investigadores de todas as partes e nações do mundo, davam muitas destas notícias por fabulosas".

Se havia gigantes (o que era incontestável!), por que não existiriam anões?

Assim se sabia que o poeta grego Filitas fora tão pequeno que lhe punham chumbo aos pés para que o vento o não carregasse!

E como poderia então mover-se o pobre vatezinho? É o que não pormenoriza o nosso douto autor.

O imperador Augusto possuía um anão tendo de altura apenas dois palmos. Era perfeitamente proporcionado e dispunha de retumbante voz!

Passando a tratar das anomalias, relata o nosso autor um rosário de fatos extraordinários, dos quais escolheremos alguns.

Apoiado na lição e opinião dos sábios, lembrava Aucourt uma série de coisas fora do comum, como as gargalhadas que Zoroastro soltara no próprio instante em que nascera, as duas ordens de dentes de Drapatine, filha de Mitridates, a dentadura íntegra de Pirro, que só tinha em cada maxilar um dente a bem dizer etc.

Passando a tratar das doenças extravagantes, cita o nosso Padilha a terrível peste que despovoara Constantinopla e relatada pelo doutíssimo Cardan em seu tratado sobre as coisas sutis.

Os enfermos se supunham cheios de estocadas e morriam das imaginárias feridas!

Sabia-se, graças a Luciano, que os abderitas, no reinado de Lisímaco, haviam sido acometidos por singularíssima epidemia: febre maligna muito violenta que, no sétimo dia, provocava hemorragias e transpiração abundantíssima.

Mas espantoso era o seguinte: todos os doentes punham-se a recitar a tragédia *Andrômeda* em ar grave e fúnebre tom.

De sorte, comenta o nosso autor, que toda a cidade estava cheia destes comediantes pálidos e desfigurados, que continuamente gritavam: "Oh, tirano amor dos deuses e dos homens", desfiando melancolicamente o resto da obra.

Só passava esta singular doença com a entrada do inverno.

Já não era sem tempo, no enorme manicômio-conservatório de arte dramática em que se convertera a cidade abderitana mercê daquela tragimania coletiva!

Também, que idéia do nosso Padilha, ir procurar exemplos entre gente tida e havida por todos os helenos pela quintessência da estupidez, não só da sua raça como da humanidade. Nem aos beócios, classicamente beócios, podiam pedir meças. Pobres sandeus!, que haviam excluído de sua calinádica comunidade a um dos poucos concidadãos que, como o heróico Anaxarca e o sofista Protágoras, lhes desmentia a fama de pertencerem àquele reino que o nosso Francisco de Melo Franco cantou em acre verso. E ainda tinham perseguido a Demócrito, o risonho filósofo eternamente granizador da loucura humana, tido por seus patrícios como louco.

Nada mais natural, pois, que estes respeitáveis cretinos passarem os dias e as noites a urrar: "Oh, tirano amor dos deuses e dos homens", segundo um depoimento aliás suspeito, o de Luciano, cuja verve e cujo ceticismo de tudo tiravam pretexto para cobrir de ridículo as vítimas escolhidas pelo espírito implacavelmente mordaz.

Capítulo cheio de curiosidades é o que se consagra às pessoas "que não comem nem bebem", incluindo-se aí "as humanas e as irracionais".

Assim, começa pela história do boi que, na Sabóia,[3] em 1693, viveu longos meses sem nada ingerir. Mas é que na

---

[3] Este e outros exemplos dados a seguir por Aucourt e Padilha demonstram a transferência do mito dos répteis que nada comiam, como o lagarto sinimbu, para outros animais e até mesmo para os seres humanos.

sua vizinhança havia um montão de feno, cujas partículas exaladas e introduzidas pela respiração o sustentaram todo aquele tempo, perfeitamente, e ainda lhe causaram notável aumento de peso!

Dos tempos da antiga Grécia, se conhecia o caso de Demócrates, ancião de 109 anos, que vivera dias a alimentar-se somente com o cheiro de pão quente.

Faz grande peso afirmar, lembra o nosso Padilha, que o cheiro pode sustentar e nutrir, como afirmam Hipócrates e Galeno. Aliás, outro autor, Marcelo Donato, reforçava esta opinião lembrando a existência de raças humanas desprovidas de boca.

Bayle, na *República das Letras*, citava o caso de um douto holandês, de Harlem, que vivera quarenta dias somente das emanações do seu cachimbo. No Poitou era arquiconhecido o caso de Joana Balam, jejuadora de três anos! E Catarina Kratzer, suíça de Berna, batera este recorde elevando-o a sete anos!

Além destes notáveis casos de temperança, outros havia não menos notáveis, como os dos lugares em que ninguém morria!, fato abonado por autores da competência de Giraldo (??) e do cosmógrafo Abraão Ortélio, famoso cartógrafo. Na ilha Momônia, os que iam pagar o tributo da condição humana punham-se a agonizar, a estertorar, infindavelmente. Eram então transportados para outra ilha, onde logo expiravam!

Comentário gravibundo do nosso fidalgo: "Cuidava eu que estes autores apontavam lugar em que a morte se esquecia dos viventes, porque seria mais visitado que os Santos Lugares; porém padecer as angústias sem acabar é morrer duas vezes".

O capítulo seguinte consagra-se a um caso brasileiro realmente digno de todo o estudo, relatado ao nosso autor pelo oratoriano padre Estácio de Almeida, "sujeito tão verdadeiro como erudito".

Haviam saído dois jesuítas a viajar pelos sertões do Brasil. Certo dia, depois do jantar, um rapaz de sua comitiva apanhara no chão um pauzinho e dele se servira como palito. Pois imediatamente lhe saltaram das gengivas vários dentes!

Merencório, lá se fora o jovem desdentado relatar o fato aos dois inacianos, que haviam partido à frente. E estes, com o maior interesse, voltaram ao lugar onde se operara a maravilhosa extração, fazendo grande diligência por encontrar o lenho de "um arbusto tão especial e útil". Não lhes fora possível, porém, achá-lo naqueles lugares desertos e tão pouco transitados.

Aliás, é preciso dizer que o moço se reendentara logo. Como voltasse com os dentes caídos, um negro do séquito dos padres lhos colocara no maxilar espremendo-lhes, à volta, o sumo de certa erva. "E com isto lhe ficaram arraigados."

Passando a discorrer sobre "virtudes atrativas", recordava o nosso autor a existência de ímãs minerais e vegetais. Em Benguela conhecia-se uma gramínea que atraía pedaços de madeira como o ímã ao ferro.

Certos gaviões do Oriente, no sábio dizer de Eliano, gozavam de tal propriedade nas patas, mas só em relação ao ouro. E quem ignorava que o melhor desimantador da pedra de cevar era o diamante? Bastava a vizinhança deste "carbonato" para acabar com a imantação de uma agulha.

Em Jafanaputan, Ceilão, um jesuíta vira dois cingaleses, cada qual armado de certo pau, forcejando para se afastarem e inflexivelmente aproximados pela força do ímã vegetal.

Na seção consagrada ao raciocínio dos brutos, várias historietas sobre a inteligência dos animais nos são narradas, sem grande relevo, aliás. Há, porém, casos dignos de reporte: assim a afirmação do imenso Feijó de que "o aborrecido inseto que se chama a traça tem o primeiro lugar entre os brutos de maior raciocínio".

E isto porque sabia abrigar o corpo contra as injúrias do tempo, "fabricando o vestido que vestia como pudera fazer um alfaiate".

Aliás, era sabidíssimo que o homem aprendera muita medicina observando os animais. A sangria, ele a conhecera do hipopótamo. "Sentindo-se repleto, serve-se de uma cana aguda para abrir uma veia da perna, que, depois de lhe correr bastante sangue, veda com limos."

O leão, sentindo-se indigesto, tratava de arranjar logo o único purgante que lhe convinha, procurando apanhar um desses "animais de trejeitos delirantes", seguindo a definição do bom padre Bacelar: o bugio.

A cegonha só ingeria animais venenosos quando tinha ao alcance do bico o contraveneno do orégão.

Já Aristóteles percebera (e Alberto Magno[4] o confirmava) que a tartaruga só comia cobras quando também dispunha do orégão.

[4] Santo, teólogo, filósofo e sábio (Suábia, c. 1193 - Colônia, 1280). Inspirado no trabalho de árabes e rabinos, fez a primeira exposição sistemática da filosofia de Aristóteles, iniciando a adaptação do aristotelismo à filosofia cristã. Tinha enorme curiosidade pelas ciências naturais, sobre as quais muito escreveu.

A farmacopéia se enriquecera largamente com os ensinamentos humildes dos nossos irmãos animais.

A celidônia, ótima para colírios, devemô-la à andorinha; o dítamo, esplêndido para as feridas, viera do veado.

Mas o maior benfeitor de nossa espécie ignara ainda era o leão. Fora o monarca da selva africana quem ensinara as virtudes do quinino! Era com o alcalóide peruano que curava as suas febres terçãs e quartãs!

E com esta novidade notável sobre a distribuição geográfica do gênero *Leo* encerra Pedro Norberto de Aucourt e Padilha, fidalgo da Casa Real de Sua Majestade, o sr. d. José I de Portugal e dos Algarves, o seu tratado sobre as raridades da natureza referentes à terra, primeiro dos elementos aristotélicos.

Antes de revistar as raridades da arte, entendeu endereçar aos leitores uma introdução filosófica.

Do valor destas lucubrações cremos que para elas dar idéia bastara enunciar-lhes o intróito: "A grande disputa de qual seja mais perfeita, se a arte, se a natureza, ainda que para resolvê-la não considerássemos a diferença que vai do contrafeito ao natural, bastaria ter objeto imitar-se a segunda para conhecermos que a não pode exceder a primeira, pois só procura igualá-la".

Convinha, aliás, lembrar que quase todas as artes se haviam descoberto mais pelo acaso que pelas ciências.

Miles, rei de Esparta, ignorava a geometria e no entanto inventara os moinhos. Eram os óculos devidos a um rústico e também obra do acaso.

Treze capítulos eruditos se consagram às raridades da arte, tratando de obras maravilhosas, as sete maravilhas do mundo antigo, montanhas talhadas em estátuas e edifícios portentosos, magnificências pasmosas, espetáculos romanos, delícia e grandeza das estradas de Roma, escultura, pintura. Neles não há muito o que se prenda ao nosso escopo especial e sim apenas a narrativa muito conhecida de coisas da mitologia histórico-geográfico-artística. De permeio aparece um capítulo sobre a seda das aranhas e outro sobre simpatias artificiais que ao leitor causam justa surpresa.

Neste último, por exemplo, quer o nosso Aucourt inculcar que o homem também fabrica ímãs artificiais, assim como o ungüento simpático curava as feridas posto no ferro que as causara! Apesar das grandes contradições que refutavam tal asserção, aliás confirmada pela autoridade elevada do inglês Digby, o caso parecia positivo. As pedras *trochite* e *astrecte*, postas em cima do vinagre, disparavam a correr. A tinta simpática não só atravessava uma resma de papel como uma grossa muralha.

Mas o mais notável era o caso da lâmpada simpática, que, segundo o sábio Johnston, alimentava-se de sangue como combustível. Apagava-se instantaneamente quando morria o ex-proprietário do seu alimentador!

Expondo os artifícios com que a natureza produz raridades, afirma Padilha que, se alguém pintar ovos em um pano de diversas cores, verá nascerem pintos com os mesmos matizes "porque de ajudar a imaginação nos brutos se fazem raros prodígios". Era assim que, segundo santo Agostinho, conseguiam os egípcios fabricar os bois Ápis.

Dos "adultérios" das plantas provinham iguais assombros.

E se Luís XIV formara os dilatados bosques de Versalhes transportando grandes árvores é que o seu coração excedia nas obras à natureza (sic!).

Porque, se a arte imitava a natureza, parecia às vezes excedê-la. Vira-se em Lisboa um cavalo e um urso dançarem juntos! E ficara na corte de Portugal a tradição do cachorrinho da rainha d. Catarina, mulher de d. João III, que cantava ao som de um manicórdio. Não proferia palavras, mas era muito entoado.

A imperatriz rainha, infanta portuguesa, ganhara um

cão que emitia perfeitamente a palavra *chocolate.* Mas em 1715 vira-se em Paris coisa muito mais notável, o cão fenomenal, de que se ocupara a Academia de Ciências de França. Repetia trinta palavras, entre elas *chá, café* e *chocolate.*

Depois de numerosas histórias sobre habilidades de animais domesticados, e no mesmo capítulo, explica o nosso autor o que havia de mais recente sobre o processo que permitia aos homens mudar de sangue como de camisa, com a tentativa de Ricardo Lower, médico inglês de Oxford, em 1665.

Deixando o mundo terráqueo pelo aquoso, explica Aucourt que a causa das marés provinha, segundo parece, do "olho marinho do oceano", nos limites do Setentrião. Naquele medonho sorvedouro recolhiam-se e espraiavam-se as ondas das últimas raias oceânicas, como haviam descoberto os cientistas alemães de Frisa (?).

Muita gente de alto critério ligava as horas das marés às da defunção humana. Não se morria senão ao tempo da maré. Mas já o caso liquidado fora por ordem da Academia de França, achando-se ser falsa esta opinião outrora tão recebida, porque se morre a todas as horas.

Águas havia ótimas para reforçar a memória dos seus ingestores e outras, pelo contrário, desmemoriadoras terríveis. Uma fonte perto de Chevreu era perigosíssima. Os sujeitos que dela se servissem arriscavam-se a ficar desdentados, mas sem fluxão nem dor. Num rio da Ásia fazia a água arrebentar qualquer recipiente em que fosse deitada, exceto se o vaso fosse feito de casco de mulas.

Na Irlanda existia um lago de tão esquisitas virtudes que, cravando-se-lhe uma estaca ao fundo, a parte enterrada se transformava em pedra e a banhada em ferro! A que se achava fora d'água continuava madeira. Provavelmente haveria ali uma cuba gigantesca de galvanoplastia... Feijó, que não discutia o caso mas lhe admitia a veracidade, afirmava que na Polônia fontes existiam capazes de transformar o ferro em cobre.

Também havia árvores que destilavam chuva, como no caso de imenso madeiro da ilha do Ferro, que se achava sempre coberto de uma nuvem e em 24 horas fornecia dois grandes tanques d'água, coisa a respeito da qual o insígne Feijó se mostrava cético.

Da existência de pessoas que se sustentavam de água, exclusivamente, ninguém podia duvidar, à vista de tantas testemunhas corroborantes. Quem também se atreveria a contestar uma legião de doutos quando todos concordes admitiam a existência de homens e mulheres marinhos?

Que se desse de barato a autoridade de grandes vultos das ciências naturais, como Plínio, Eliano, Pausânias. Bastava a documentação moderna.

Em 1671, a uma légua da Martinica, muitos franceses haviam visto um tritão legítimo, perfeita figura de homem da cintura para cima, de cabelos brancos e bem penteados, rosto cheio, barba preta, nariz chato, tez branca, cútis delicada. Da cintura para baixo era perfeito peixe, acabado por grossa cauda bífida.

Em 1725, aparecera no porto de Brest outro tritão, que 32 pessoas haviam visto, inclusive o capitão Olivier Morin, perfeitamente proporcionado, mas de mãos e pés palmados.

As *Memórias de Trévoux* relatavam que este monstro, vendo a figura feminina da proa de uma embarcação, fizera diligência para a abraçar.

Correra o contramestre do navio a buscar uma espingarda para matar o bruto, mas desistira do intento a imaginar que ele poderia ser a reencarnação de um suicida oficial de bordo.

A propósito deste abantesma, lembrava Feijó a seguinte circunstância: fazendo escárnio da gente do navio, "voltara-lhe o monstro as costas e levantando alguma coisa da água exonerara o ventre à vista de todos".

O padre Antônio de Faria, oratoriano, varão cheio de

virtudes, e incapaz de mentir, achando-se sobre uma montanha, de onde se avistava o mar, vira um monstro marinho, semi-homem, de cabelos verdes, que ao avistá-lo mergulhara.

E quem contestava o caso daqueles conselheiros do rei da Dinamarca, que, em 1619, haviam capturado, no Skager Rack, um homem marinho? Posto a bordo do navio, em que Suas Excelências viajavam, pusera-se a berrar tão descompassadamente, e a proferir tais ameaças, se o não libertassem logo, que a maruja, gente supersticiosa, resolvera logo soltá-lo.

"Este é o único exemplo de homem marinho que falasse", comenta o nosso Aucourt e Padilha. Mas se ainda dos centauros — coisa abonada por doutos e santos — se duvidava de tal propriedade, como a podiam atribuir a este monstro? O único autor que dele tratava era, aliás, João Avelino no seu *Tratado da Europa.*

Na Noruega sabia-se de muitos casos de homens marinhos. Em Portugal apanhara-se um no Algarve que o marquês de Niza mandara mostrar ao rei d. Pedro II.[5] Este era perfeitamente homem, mas jamais falara.

[5] Assumiu o reino português após a "renúncia" de seu irmão Afonso IV, em 26 de novembro de 1668. Contraiu casamento com a cunhada Ma-

Em 1560 haviam uns pescadores do Ceilão mostrado a jesuítas portugueses o produto de umas de suas redadas, em que figuravam sete homens marinhos e nove mulheres. Nada menos! Em Paris conservava-se uma mão de sereia. Enfim! Não valia a pena discutir. Bastava reiterar os conceitos do grande Feijó: "En los tritones y nereideas ay poquissimo de purgar de la fabula al verdadero!".

"Isto diz um da esfera de Feijó — adverte o nosso escrivão autor, severamente. O que ouço aos critérios modernos, quando se fala nesta matéria, é um sorriso, com que se querem mostrar doutos em lhe não dar crédito. Deixo ao juízo do leitor decidir a quem é que se deve dar, lembrando-lhe que já o padre Vieira disse que era mui comum o sorriso nas respostas árduas."

ria Francisca Isabel de Sabóia, depois que o casamento desta foi anulado. Em 1683 perde a companheira e volta a casar-se, dessa vez com Maria Sofia de Neuburg, filha de Filipe Guilherme, eleitor palatino do Reno. Tendo larga descendência, entre a qual se inclui d. João V, d. Maria Sofia garantiu à Coroa a estabilidade que esta nunca tivera desde 1640, afastando os difíceis problemas de sucessão régia. O novo consórcio permitiu a d. Pedro II reforçar a autoridade de governo, pondo termo à existência das Cortes como órgão consultivo do poder real, as quais se reuniram pela última vez em 1697.

É verdade que se sabia de anomalias notáveis sucedidas a diversos homens. Monsieur Vinslow e monsieur Bruhier contavam de uma suíça que passara três dias debaixo d'água e no entanto não morrera! E quem duvidaria da palavra de sábios como monsieur Vinslow e monsieur Bruhier?

Mas casos ainda mais extraordinários relatava outro cientista ilustre! Paulo Zaquias! Paulo Zaquias!!

O sapientíssimo marquês de Saint Aubin achara a mais natural das explicações para estes fatos: alguns humanos tinham tal disposição preternatural que lhes era prolongada a faculdade da respiração fetal! Nada mais simples! E realmente nada mais simples!

No capítulo dos peixes monstruosos vemos novas novidades de vulto: o caso do pescado de Peniche, em 1575, com quarenta côvados de comprido (26,40 m). E não era baleia! Quem dizia que o fosse? Contaram-lhe dezesseis dentes com palmo e meio de diâmetro e cada qual separado dos seguintes de um palmo!

Outro ainda em Peniche aparecera em 1616. Um médico do lugar o descrevera em sua *Peixeologia*, que infelizmente não se imprimira, com grave detrimento para o avanço das ciências.

Passando às raridades da arte em matéria aquática, cita-nos Padilha os artifícios admiráveis das fontes do palácio de Saint Germain e os portentos da marinha, citando os prodígios do gênio de Arquimedes lançando ao mar o imenso navio de Hieron, rei de Saragoça (sic), que ninguém conseguia fazer navegar, as maravilhas do grande galeão português *S. João Batista*, da esquadra de Carlos V, e outras coisas colossais da construção naval do seu tempo.

Recorrendo à Antiguidade clássica, descreve-nos os prodígios de Semíramis e de Nitócris em matéria de construção hidráulica, os aquedutos maravilhosos, os espetáculos navais, as obras feitas de gelo etc.

Mas o que, a seu ver, mais se devia comentar era a arte de domesticar os peixes, como se dera por diversas vezes com golfinhos, amigos sinceros do homem, e com o peixe *reverso* ou "falcão do mar", amestrado pelos hindus, como os cães de caça, os falcões e os furões. O "falcão do mar", amestrado pela gente hindustânica, ia ao fundo do mar capturar outros peixes, que trazia ao amo, "razão por que lhe chamavam *reverso*, porque, depois de se ver solto, tornava com a presa para o poder de quem o sustentava e afagava".

As raridades da natureza em matéria aérea deram azo ao nosso autor para que largamente demonstrasse os belos conhecimentos da erudição.

Em primeiro lugar, era sabido o que vinha a ser a influência dos meteoros gasosos sobre o temperamento, o gênio, as qualidades físicas etc.

Quem ignorava o que se dizia, desde muito, das fêmeas que concebiam do vento, como as éguas de certos lugares, as lebres de outros etc. Já, porém, santo Agostinho repelira semelhante abusão e os naturalistas modernos, estes então eram categóricos em desmenti-la. Parecia incontestável, porém, que a variedade das cores de camaleão se devia à diversidade do ar.

Quanto às figuras que os ares freqüentemente apresentavam, eram elas tão numerosas, desde longínquos séculos, quanto, por vezes, extraordinárias. Ainda em 1514, todo o exército de Próspero Colona vira, durante nada menos de três horas, dois soldados armados esgrimirem nas nuvens um contra o outro.

Já por diversas vezes tinham aparecido no horizonte três sóis simultâneos e três luas!, como em Roma, no tempo do imperador Cláudio. Um autor honesto, como Mezeray, não se atrevia a mentir e, no entanto, em sua história de França, se relata que, em certa ocasião, um exército francês vira na atmosfera companhias de soldados, vestidos de branco, caminhando no ar, junto à terra, em que se identificavam as figuras dos oficiais e dos tambores.

Fato incontestável o seguinte: nas altas camadas atmosféricas, criavam-se animais.

No império de Carlos IV desabara certa vez verdadeiro dilúvio de bichinhos, que devastara províncias inteiras. Nas regiões aquilonares nada raro era verificar-se uma chuva de ratões.

Na Noruega, segundo Escalígero e o bispo upsalense, "mui freqüentemente choviam animais ali chamados *linmeres*, mais prejudiciais que as lagartas e maiores do que ratos".

Explicando estes casos, dizia Bonamigo que estes bichos todos se formavam com a saraiva.

E Nierenberg afirmava da ave *menocodiato*,[6] vivente de ar e de orvalho, que o macho tinha às costas uma cova onde a fêmea fazia ninhos e incubava.

Professavam os *menocodiatos* a mais extraordinária fide-

[6] O autor refere-se a um animal mítico chamado de *ave do paraíso*, mencionado por Gessner, na sua supracitada obra. Chamada de *manucodiatam* pelos nativos das ilhas Molucas, essa ave, segundo o autor seiscentista, "não podia jamais ser vista porque não tinha patas, mesmo se Aristóteles não admitia a existência de pássaros sem patas... Ela não as tem

lidade a seu rei. Se, acaso, a este matavam, preferiam todos morrer a desamparar o monarca.

Chuvas prodigiosas também figuravam entre os mais célebres fenômenos aéreos: como as de cabelos nas cidades de Jacai e Uzaca, no Japão, em 1596; de leite, sangue, carne e ferro, e até de ladrilhos cozidos, como atestavam os mais célebres autores romanos!

Em Portugal, a 8 de junho de 1757 em Gondemar, Tarouca e Lalim, comarca de Lamego, desabara forte saraiva de pedrinhas não de gelo, e sim de açúcar! Era pelo menos o que ao nosso autor informara o respeitável capitão-mor do Tabaco, pessoa, pelo seu nascimento e honra, incapaz de mentir.

pois voa muito alto no céu. Seu corpo e sua cabeça parecem, pelas dimensões e forma, com a andorinha, mas as asas e caudas abertas são maiores do que as do falcão... O dorso do macho possui um buraco no qual a fêmea coloca seus ovos".

A fera de chaves (século XVIII)

10
Novas maravilhas
A fênix e a águia bicéfala
Prodígios e mais prodígios

No ano da graça de Nosso Senhor Jesus Cristo, de mil e setecentos e cinqüenta e nove, Pedro Norberto de Aucourt e Padilha, cavaleiro professo na Ordem de Cristo, fidalgo da Casa Real e escrivão da Câmara de Sua Majestade Fidelíssima, na Mesa do Desembargo do Paço, consagrou cinco páginas de sua obra capital com se ocupar das aves que renascem, reservando três à fênix, "assunto de tantos autores graves, vasta matéria da poesia e até mencionada pelas sagradas letras".

Refere-nos as opiniões de Tertuliano, santo Ambrósio e Lamprídio e acaba por nos relatar o que a tal respeito escrevera o douto Monster[1] em sua *Cosmografia*!

[1] O autor refere-se a Sebastião Munster de Ingelheim, um dos auto-

Da fênix passa ao *cincon*, avezinha mexicana de extrema pequenez e vistosíssimas cores, vivendo de orvalho e fragrâncias florais. E depois a outro pássaro, indiano, do tamanho de uma abelha e hibernante como o *cincon.*

Mas, o caso da fênix continuando a preocupá-lo, e seriamente, voltou o nosso Padilha à carga, procurando justificá-lo por meio do exemplo da jiboiaçu brasileira, de carnes putrefacientes e renováveis, "fato mais digno de admiração do que o da mesma fênix e tão constante que o deviam saber a multidão de gente passada àquela conquista ultramarina".

Gaba-se o nosso escritor de ser o primeiro a revelar ao público tão notável novidade: "Parece-me que sou eu o primeiro que dele faço menção, que posso dizer, como Feijó, que suposto não quero ser fiador da fênix o podia ser com este argumento de sua possibilidade".

---

res mais lidos do Renascimento. Professor em Basiléia, Suíça, este grande erudito ensinava hebreu, teologia, geografia, astronomia e matemática nessa mesma cidade. Sua fascinante *Cosmografia*, publicada em 1544, continha descrições de todos os povos e histórias sobre grifos, formigas guardiãs de ouro, homens monstruosos e dragões.

Santa ignorância da bibliografia brasileira! Novidade nova de quase dois séculos!

Ave rara a águia bicéfala, da América espanhola! Havia muita gente que lhe desmentia a existência, mas ele próprio, Aucourt, a vira no Escorial. Se alguns céticos imaginavam deitar suspeição ao caso, que lessem o magistral Feijó. Inteiramente ficariam persuadidos da verdade desta notícia!

Nierenberg, com a sua enorme autoridade, abonava o caso da ave "extremamente magra" que só tinha pele e penas sobre os ossos.

Quando a matavam, achavam-lhe os fígados cheios de bichos.

Depois de tantas provas de pertinaz credulidade dadas pelo nosso autor, estranhará o leitor que ele ache extravagante "a moderna opinião de um inglês, exarada num número do *Mercúrio*, de outubro de 1737, a saber, que todas as aves de arribação, quando desaparecem, se retiram ao globo da Lua"?

Pois bem, assim mesmo o nosso Padilha revela certo receio da responsabilidade de uma denegação categórica: "Não posso negar as engenhosas razões, e aparentes provas, com que quer confirmar o referido, porém acho mais sólidos os argumentos com que outros autores refutam esta opinião (sic)".

Passando a tratar das raridades da arte no ar, começa o nosso escrivão-filósofo a discorrer sobre a música, contando numerosos casos das virtudes terapêuticas da arte eutérpica. São porém, em geral, alheios ao nosso escopo, de modo que deles não nos ocuparemos.

Apenas referiremos (segundo, sempre, meia dúzia de graves autores, como Pedro Hispano, Amaro Lusitano e Alexandre Napolitano) quanto era positivo que o melhor meio de salvar os picados da tarântula vinha a ser aplicar-lhes doses sucessivas de música, conforme afirmava o douto Metioro.

A enumeração dessas "graves autoridades", identificadas pelos seus gentílicos, é coisa que realmente nos edifica. *Sancta ingenuitas* de quem ouvia como ao Evangelho estas opiniões de um Hispano, de um Lusitano e de um Napolitano abonadas por um Metioro!

Tratando das "obras suspendidas no ar", demonstra o ilustre Padilha um ceticismo que não estamos habituados a ver-lhe.

Assim, revela não crer muito no que afirmam os tais autores graves de sua consulta habitual. Chega a suspeitar de santo Agostinho, na *Cidade de Deus*, e de santo Isidoro, quando estes famosos doutores falam de certa estátua de um templo de Serápis "suspendida no ar entre os ímãs do teto e do pavimento".

O túmulo de Mafoma, flutuante no ar, segundo depoimento de viajantes da reputação de Bernier e Thevenot, "era cousa de riso".

Uma grande pedra ímã, na qual se via atraída grande lua de ouro e de pedras preciosas, com um grosso prego no meio da lua, era o que sustinha em equilíbrio o sarcófago do Profeta.

Apontando a incongruência de tais balelas, insistia Padilha em declarar "que lhe escapara ao assunto da obra dilatar-se nas razões refutadoras dessas notícias: Moralmente bastaria qualquer aura para fazer perder o equilíbrio do que se suspendesse no ar, sem o qual era impossível que se conservasse nele".

Agora, o que com que visos de razão corria era o seguinte: se se esvaziasse completamente um ovo por um buraquinho e se se o enchesse de orvalho, uma vez posta a casca ao sol se levantaria da terra ao ar.

Em todo caso, antes de deixar o capítulo sobre as raridades da arte relativas ao ar, lavrou Pedro Norberto de Aucourt e Padilha magnífico tento lembrando, no capítulo das tentativas de voar, o caso do nosso *Padre Voador*, primeira afirmação impressa das experiências da *Passarola*, e depoimento de alta valia, pois data de 1759, 24 anos antes da primeira ascensão do *montgolfière*.

Depois de lembrar os inevitáveis Dédalo e Ícaro e o sujeito que voou à vista de Nero, esborrachando-se no solo junto ao César, recorda os ensaios de João Batista Dante, de Perúsia, que tentara voar e partira uma perna.

E acrescenta: "O padre Bartolomeu Lourenço de Gusmão trabalhou no mesmo projeto e com efeito em uma máquina de papelão se elevou na presença do senhor rei d. João V". Bastam estas cinco linhas para dar imperecível relevo ao livro de Padilha, obumbrando o ror de extravagâncias e necedades que por vezes lhe obstruem páginas e páginas.

Ao tratar das raridades da natureza no que diz respeito ao fogo, começa Aucourt e Padilha por explicar aos leitores o que vem a ser realmente tal elemento: "Este luminoso corpo invisivelmente está na composição de todos os corpos naturais, dando calor e vida a toda a natureza".

Como prova de tal presença dissimulada, refere o caso

de certos autóctones das ilhas oceânicas, que viviam ignorantes da arte de acender lume.

Fogos havia-os, e de muitas naturezas, uns errantes, outros nascendo em caniçais, e em corpos de animais, como em gatos e cavalos, que andavam à noite, em tempo chuvoso, e até em entes humanos.

Assim se dava com aquela mulher de Verona, em cuja testa havia sempre uma labareda pequena, como o atestava o douto Pedro de Castro, em seu tratado *Ignis labens*. Fogos havia que por si mesmos se acendiam e fogos de muito esquisita espécie. Assim, o fogo do vulcão islandês do Hecla consumia a água, mas não a estopa! A pedra *galatias* não se deixava vencer do fogo no meio das chamas e conservava-se fria. O fogo do Etna não derretia as neves de seu pico! Na Lícia sabia-se de um fogo que não queimava as mãos!

Em compensação, a pedra *petites* apertada na mão queimava como brasa ardente! E os dentes do javali, logo depois de morto o selvático suídeo, tinham tanto fogo que queimavam cabelos e outras substâncias facilmente inflamáveis. Coisa estranhíssima o que se dava no Delfinado; ali havia certa fonte "que em se lhe chegando uma vela apagada acendia e estando acesa se apagava".

A própria Academia de Ciências de França, no ano de

1699, proclamara a novidade desta fonte, que representava a expressão hidrodinâmica do espírito de contradição, ao que parece.

Quem seria capaz de negar a existência de pessoas cujos corpos exalavam fogo? Uma reunião de graves e doutos autores aí estava para lhe rebater tal pretensão. O padre Teodorico, de si próprio, afirmava tal prodígio, sempre que se friccionava. Dois personagens, Antônio Ciâncio e Máximo Aquilano, estes, quando esfregados, pareciam fuzis batidos por pederneira!

E o grande Feijó contava de madama Cassandra Buri, senhora italiana que era muito mais incendiável do que os seus patrícios acima citados. Quando se esfregava com um lenço não só lhe saíam faíscas, como labaredas!

Outra italiana, a nobre condessa Cornélia Bandi, fora achada reduzida a cinzas no próprio leito. Extraordinário, porém, este caso: ficara-lhe a roupa da cama absolutamente intacta! O colossal Feijó explicava este sucesso estranhíssimo do modo mais plausível: é que a digna fidalga fora consumida pelas exalações que ela própria evaporava.

Aliás, se sabia, desde a mais remota Antiguidade, que Alexandre Magno ganhara uma de suas grandes batalhas porque os inimigos, os indianos, fugiram espavoridos ao perceber que o Macedônio exalava faíscas!

De indivíduos alcoólatras, que deitavam chamas, ninguém duvidava. O nosso Aucourt cita diversos destes casos. O mais pitoresco é o do sujeito que conseguira debelar um princípio de incêndio em si, mas, como este fosse na garganta, isto lhe valera a perda da voz!

Na América do Sul era bem conhecido, geralmente, que percorrer as cumeadas dos Andes expunha os viajores a grande perigo: como o ar muito fino se inflamava, deitavam os homens chamas pela boca.

Entidades luminosas havia-as em diferentes pontos da terra. Assim, no Novo Mundo, vivia uma ave tão iluminante, que dela se serviam os americanos de lanterna, para lerem à noite. Já Isidoro de Sevilha, em seu tempo antigo, assinalara pássaros destes, nas terras da Alemanha. Era de supor, porém, que ali se houvesse extinto tão útil espécie! E a da nossa América? Que pena ter também desaparecido!

Deviam estes fogos, aliás, filiar-se a outro gênero de lumes, os perpétuos, como esses que os árabes acharam ardendo, nos subterrâneos de Mênfis, desde séculos e séculos.

Em 1401, certo camponês romano achara uma lâmpada votiva de Palas Atena acesa. Pela inscrição se verificara que tal se dava havia 2000 anos. Como numa experiência fizessem com que nela penetrasse o ar, imediatamente se apagara!

O padre Kirker[2] (sic) construíra uma lâmpada com torcida de amianto, que durante dois anos queimara. Perdera-a num desastre, o que muito o agastara, pois julgava-a inconsútil, perpetuamente.

Curioso, porém, que não tratasse de a recompor, lhe objetaria o nosso autor, acaso um pouco mais malicioso fosse. O formidável Feijó, comentando o fato, diminuíra o prazo da iluminação para um ano apenas. Mas isto era lá do seu bestunto!

Muitos autores modernos, aliás, explicavam este caso da iluminação inextinguível de modo muito razoável: o que deitava luminosidade era simples massa fosfórea. Não podia haver chama eterna!

Citando Alexandre Pen, jurisconsulto napolitano, e ou-

---

[2] O autor refere-se ao padre jesuíta Athanasius Kircher, nascido em Geisa, na Alemanha, em 1602. Professor de matemática e hebraico, em Roma, foi autor de várias obras, entre as quais *A arca de Noé*, datada de 1675, e *Dos mundos subterrâneos*, no qual discorre sobre dragões que habitavam grutas submersas.

tros escritores ilustres, que tudo isto desprezavam, mostrando a impossibilidade de haver fogo que continuamente arda, sem se consumir, expende grave e cientificamente o nosso bom Aucourt e Padilha: "Eu só digo que mais dificultoso seria provar a arte de extrair fogo de um corpo humano, na máquina elétrica. E sem embargo disto é certo que vemos, em nossos tempos, este prodígio, que não chegaram a ver nem a imaginar os antigos. Na mesma forma poderia então haver aquele, que a sós nos parece hoje fabuloso".

Bela e austera lição, ministrada a estes céticos irredutíveis!

Assim como o amianto era substância incombustível, também neste particular ocorriam prodígios na espécie humana. Aí estava Plutarco a nos relatar o caso da incombustibilidade do polegar de certo rei do Épiro quando lhe queimaram o cadáver, e Tácito o mesmo fato em relação ao coração de Germânico.

Plutarco e Tácito! Quem destes grandes homens poderia descrer?

E entre os judeus, ensinavam os rabinos, ninguém duvidava do seguinte: todos os entes humanos têm, no fim do espinhaço, um osso que não pode o fogo consumir, nem força alguma quebrar. Nele se conserva a base da ressurreição da carne.

Por que razão vivia a salamandra indene das chamas que a envolviam? Por causa da sua natureza não fria, mas frigidíssima! O *Journal des Sçavans* (seria bom não esquecê-lo: o *Journal des Sçavans*!), ainda em abril de 1667, espalhara com a sua grande autoridade a notícia das experiências do cavalheiro Corvini com salamandras indianas.

Percebera a razão da indiferença ao fogo do fantástico batráquio: é que vomitava uma gosma lembrando a clara dos ovos de galinha, tão gélida que neutralizava as brasas! Durara a experiência duas horas completas e o bicho ainda vivera nove meses depois dela.

Verdade é que o mesmo *Journal des Sçavans*, 63 anos mais tarde, relatara novas séries de experiências, do mesmo gênero, com salamandras e péssimos resultados. Haviam umas morrido logo e outras ficado pavorosamente queimadas!

Comentando este caso estranho, a Academia de Ciências de França dele dera racional explicação: a salamandra provinha da neve; procurava envolver-se num elemento salino que provocava exsudação viscosa. Era este que a preservava do fogo. Podia-se repetir a experiência, que trazia, contudo, fatal desfecho. Morria o bicho dentro em três dias logo após uma ablução removedora da camada salina.

Os grandes mestres das ciências naturais na Antiguidade, como Aristóteles, Plínio, Eliano, Agrícola, abonavam a existência das moscas de fogo, as *pyraustas*, que morriam instantaneamente, ao deixarem o elemento ígneo.

Mas era preciso lembrar que o caso devia ser admitido com ceticismo, porque o fogo vinha a ser ambiente incompatível com a propagação das espécies animais, não admitindo a geração.

Se ninguém, contudo, podia duvidar da existência dos gêneros de insetos que viviam, exclusivamente, de roer pedra, como negar, por mero preconceito, a possibilidade de viverem salamandras no elemento ígneo? Tornava-se necessário recorrer às palavras de algum grande comentador dos fenômenos da natureza. E, nesta categoria, quem melhor se achava em condições de falar do que Feijó, o ilustre, o doutíssimo Feijó? Assim, ele, Aucourt e Padilha, discípulo respeitoso de tão grande mestre, repetia-lhe os conceitos: "Os homens, sem razão alguma, e contra toda a razão, estreitam a onipotência divina segundo o limitado das suas experimentais idéias. Não há repugnâncias em que Deus crie alguma espécie que se conserve no fogo".

Mas disto não se tratava, objetariam os céticos. O que se tornava preciso demonstrar era a existência de tais ignícolas. "Assim fala um homem como Feijó — termina o nosso Pedro Norberto, com este último argumento decisivo —, sem embargo que não abraça o que se diz da salamandra e dos espelhos ustórios."

Singular aproximação! A salamandra e os espelhos ustórios! "Apesar da ardente impressão do fogo", a arte a ela sabia resistir "com leves e fáceis remédios. De tal dera o grande Ambrósio Paré os mais notáveis exemplos, como em sua célebre experiência das cebolas. Untava as mãos com o sumo do bulbo querido da gente de Israel, saudosa da terra dos faraós, e depois, sobre elas, e sem dor alguma, derramava o toucinho derretido de uma pá afogueada."

"Artifícios de fogo" havia-os inúmeros, muitos deles maravilhosos até, como os que se obtinham com o fósforo da Alemanha, também chamado de "monsieur Kurcler", que estava sempre pronto a arder, desde que o tirassem do vidro com água em que devia ficar bem guardado.

Que mania incendiária! E interessante caso: esta substância, que parecia cera, provinha da destilação da urina, segundo descobrira certo alquímico alemão que, durante toda a vida, trabalhara na pesquisa da pedra filosofal.

A química, ou antes, a alquimia do nosso Padilha andava, pelo que vemos por este pano de amostra, atrasadota. Mas a sua física nem de longe corria parelhas com a ciência que já era, aliás, a de Lavoisier e Cavendish, Priestley e Scheele: "Por um acaso achou um rústico que dois vidros de óculos atraíam os objetos distantes. E este foi o princípio que ensinou de fazer óculos de ver ao longe. E semelhante foi o do barômetro em 1643 (sic!)".

Acerca dos espelhos ustórios parecia Padilha mais informado. Se Descartes os fizera passar por imaginários, a Academia de Ciências de França lhes demonstrara a exeqüibilidade.

E, advertindo os céticos lusitanos, severamente argüia o nosso autor: "Os senhores críticos modernos fazem zombaria desta notícia ou, como eles dizem, desta patranha, porém aquele cientíssimo congresso da Academia de Ciências de França, antes que aprove ou refute as coisas, sabe pesá-las maduramente ao juízo e examiná-las na experiência".

Depois de um capítulo sensaborão sobre a câmara clara, ou "olho artificial", como lhe chama, e de outro, insignificante, sobre o invento da pólvora, termina Aucourt e Padilha o seu tratado por uma digressão sobre a máquina elétrica, onde um fenômeno novo, "abismo de maravilhas jamais visto nem imaginado, faz duvidar de tudo que antes estava como certo".

Nada mais certo havia do que a mofa da natureza e filosofia. Desde tempos imemoriais andavam os homens inquirindo as causas dos efeitos naturais e muitos séculos havia que a natureza se obstinava em lhes revelar os efeitos, apenas, escondendo-lhes as causas.

Aos filósofos desenganava Bacon. Enquanto teimassem em encerrar-se no campo de idéias abstratas e metafísicas, nada conseguiriam. Era preciso "aplicarem-se ao exame do mecanismo".

Que demonstração mais evidente do que já forneciam as extraordinárias experiências de eletricidade? Quem dos antigos imaginaria que este fenômeno lançasse e tirasse fogo de todos os corpos? O grande Feijó atribuía à matéria elétrica positiva identidade com a do raio por serem ambas sulfúreo-nitrosas. Uma tirava faíscas barulhentas dos corpos e o nitro também crepitava estrepitosamente.

Existiam raios benignos e malignos; por exemplo, os dois que tinham atingido Mitridates, ambos haviam apenas chamuscado o famoso rei imunizado ao arsênico. Outras vezes, as mais das vezes, como tanto se sabia, os raios determinavam "ímpetos terríveis". Que o dissessem os dois famosos físicos monsieur Muschenbroek, de Holanda, e monsieur Réaumur, de Paris! Quase vítimas de sua temeridade em pretender arrebatar o raio aos céus!, antecipando-se a Benjamin Franklin sem contudo se republicanizarem, como quer o célebre *sceptrumque tyrannis.*

Receoso de se aventurar em terreno tão difícil, sob o ponto de vista científico, concluía modestamente o nosso autor: "Estes fenômenos, assim como produzem uma grande admiração em todos os espectadores, assim é justo que neles suspendamos a perna, para que o assombro possa ser a melhor cláusula desta obra".

Aos seus oito tratados, tão científicos quanto profundos, como acabamos de ver, encerrou o fidalgo cavaleiro da Ordem de Cristo por um discurso sobre a magia natural e artificial, complemento muito natural dos assuntos ventilados nas 481 páginas das suas *Raridades.*

E isto porque as duas espécies de magia encerravam as maiores raridades da natureza e da arte. Relata numerosos casos de crendices e abusões antigas, como as que se referiam às ervas fabulosas dos persas, gregos e romanos.

Recorda fatos vulgares de filtros e feitiços. No pequeno tratado sobre a magia artificial enumera as obras do homem que pareciam superar as forças da natureza, como os casos do pombo voador de Architas de Tarento, as aves canoras do imperador Leão, a caveira falante de Alberto Magno.

Passa depois a tratar dos talismãs, o que lhe dá o ensejo de escrever um chorrilho de necedades. Assim, por exemplo, narra espantosas coisas da atuação de um mágico diabólico que aparecera na corte de Venceslau, o famoso rei da Boêmia supliciador de são João Nepomuceno.

A tal propósito, aliás, comete Padilha um anacronismo de um século. Podia tal bruxo transformar as mãos humanas em cascos cavalares, fazer brotar galhadas às cabeças das suas vítimas etc. Afinal o próprio demônio liquidara com este seu servidor e o monarca aterrado cessara de assistir a práticas de tão criminosa natureza.

Termina o volume por uma série de páginas consagradas aos vampiros, a que o nosso autor chama *vampires*.[3]

---

[3] Etimologicamente a palavra *vrykolakas*, termo emprestado à língua eslava, significava "lobisomem"; assim, no século XVI, dos Bálcãs aos Cárpatos utiliza-se o mesmo termo para designar os mortos-vivos e os perigosos lobisomens. O rumor era de que os lobisomens, após a morte, tornavam-se famintos mortos-vivos a sugar impiedosamente o sangue das suas vítimas. A palavra *vampiro*, então grafada como *vampyre*, foi empregada

Eram os fatos recentes e haviam impressionado imenso a Europa toda.

Assim, haviam ocorrido os sucessos de Gradisch, na Esclavônia, os de diversas localidades da Hungria e afinal os de Belgrado, em 1736. Tanto haviam dado que falar de si que Luís XV ordenara ao seu embaixador em Viena, o duque de Richelieu, que o informasse da veracidade daquelas horríveis histórias relativas aos abantesmas sugadores de sangue.

A resposta do diplomata não lograra, porém, a aprovação dos muitos e judiciosos críticos que em Paris viviam. Assim, novamente ordenara o Rei Cristianíssimo que Richelieu melhor sindicasse dos fatos, e a segunda informação viera muito diversa da primeira. Triunfara o chefe dos céticos, o famoso sábio beneditino d. Calmet, "tudo era terror pânico, ajudado de alguns embusteiros".

Na sua opinião, concluía Padilha, *vampires* da Hungria, *brucolacos* da Polônia, *revenants* de França e bruxas de Por-

pela primeira vez em francês em 1732; no mesmo ano, o *London Journal*, num artigo publicado no dia 11 de março de 1732, adaptou-a para o inglês a fim de contar a história de dois vampiros: Pedro Plogowitz e Arnaldo Paole, a quem se debitava o desaparecimento de parte da população das respectivas aldeias na Hungria.

tugal eram uma e única coisa. Muita patranha se espalhara sobre estes casos sobrenaturais, em cujo fundo, de real, só havia manifestações do diabolismo.

Terminando, escreve Aucourt uns tópicos bastante obscuros: os que se referem à necessidade de se cortarem as cabeças aos cadáveres de espanhóis e portugueses, que sem esta presunção voltariam à vida! Conselho ministrado aos povos ignorantes da *colônia* (?). Colônia do Sacramento?

Enfim, esta história de vampirismo provocara em Paris a impressão de dois tratados recentes: a dissertação de d. Calmet sobre as aparições e a de monsieur Ranft: *De masticatione mortuorum.*

A tal propósito comentava, maliciosa e ceticamente, o nosso, em geral, tão crédulo autor: "Dizem que o famoso território de Touchai abunda em vampiros. E eu digo que ainda são mais as sanguessugas que chupam o seu delicioso licor, que também é sangue de Cristo!".

A última página das *Raridades* mostra-se digno remate deste volume de "eternas luminárias". Merece transcrição este fecho áureo: "A mágica artificial, ou matemática, seria tão inocente como a natural se uma ou outra fosse isenta de toda a superstição. Grande idéia de virtudes excitaram os números na veneração dos egípcios e discípulos de Pitágoras, e sobre eles não discorreram pouco as mais elevadas penas da sabedoria e da santidade".

Mas era tal matéria tão difusa quando delicada. Assim, para dar idéia aos leitores de uma das mais notáveis mágicas naturais da matemática da Antiguidade, ele, autor, só queria citar um exemplo: certa disposição dos nove primeiros números, em três carreiras horizontais 4—9—2; 3—5—7; 8—1—6.

Somando estes números, horizontal, vertical e diagonalmente, produziam a constante 15! Fantástica magia artificial!

Enfim, seja como for! o livro de Pedro Norberto de Aucourt e Padilha é precioso reflexo de opiniões e conhecimentos de seu ambiente na época de sua publicação. E opiniões dos cultos, senão dos eruditos, porque, para o compor, cercou-se o autor das mais reputadas autoridades de seu tempo, em matéria de história natural, geografia, cosmografia, física, alquimia etc.

A fera da Pérsia (*século XVIII*)

11
As aventuras prodigiosas de John Browne, artilheiro passado de Santa Helena à costa do Brasil

Há na literatura xenobrasileira colonial grande número de opúsculos e livrecos, hoje sobremodo raros, geralmente ignorados do grande público e a que, freqüentemente, são alheios os especialistas minudentes das coisas do nosso passado.

Nas páginas de tais originais, ocorrem muitas vezes informes sobremaneira interessantes, senão mesmo saborosos. E nenhum deles se mostra inteiramente inútil ao melhor conhecimento do nosso passado, por menor que seja a sua contribuição.

Como sabem todos, a melhor bibliografia informativa sobre o Brasil ainda é a da autoria de Vale Cabral, Ramiz Galvão e Capistrano, aquele magnífico *Catálogo da exposição de História do Brasil*, inserto no tomo IX dos *Anais da*

Biblioteca Nacional. Resenha enorme, utilíssima, de obras e opúsculos de toda espécie.

Mas não podia deixar de ser lacunosa, muito lacunosa até. Suas falhas, suprem-nas, em numerosos casos, as bibliografias de Rodrigues Garraux, para os autores franceses, Canstadt para os alemães etc. Mas ainda assim há enorme número de omissões a preencher.

Num livrinho daqueles, tão raro quanto curioso, há páginas curiosas referentes à Bahia de 1799. Vem a ser a *Narrativa impressionadora das extraordinárias aventuras e sofrimentos de seis desertores da artilharia da guarnição de Santa Helena, no ano de 1799, realizada sob juramento perante um Conselho de Investigação reunido em Santa Helena, a 12 de dezembro de 1801, por John Browne, um dos sobreviventes.*

Trata-se de fascículo in-16 de 44 páginas apenas, impresso em Londres no ano de 1802, "por J. Smeeton para J. Lee, proprietário da obra", a que vendia R. S. Kerby.

Adquiriu-o, para a sua já muito rica e finamente escolhida brasiliana, o prezado amigo João Fernando (Yan) de Almeida Prado, jovem erudito cuja paixão pelos assuntos brasileiros dia a dia cresce e autor de bela autoridade com o seu ótimo livro *Os primeiros povoadores.*

Lemô-lo com sumo interesse e curiosidade, e francamente não sabemos o que pensar dessas páginas do artilheiro John Browne. Nelas há bastante de verídico, bastante de forçado, é, ainda mais, do mais legítimo munchausianismo. Mente às vezes, John Browne ou alguém por ele, do modo mais descarado. Chega o leitor a crer que os sofrimentos realmente indescritíveis por que passou lhe tiraram a razão.

Mas para nós o caso é outro: voltando à Inglaterra depois das terríveis peripécias por que passou, aconselharam-no a que descrevesse tais aventuras e as imprimisse. Seria o meio de ganhar uns vinténs.

Assim fez o pobre-diabo, que leu a trama da história a um editor ganancioso. Tratou o mercador de apresentar o livreco sob melhor aspecto a fim de engodar o público e alcançar boa vendagem.

Daí a inserção de uma série de páginas dignas do grande barão bávaro[1] (?), biografado pelo erudito Raspe e a cujas façanhas ilustrou o lápis de Gustavo Doré. A tudo isto reforça a colocação de uma estampa fronteira à folha de rosto, simplesmente deliciosa. Sobretudo para nós outros, bra-

[1] Trata-se, sem sombra de dúvida, do já mencionado barão de Münchausen.

sileiros, pois afirma retratar uma cena passada a poucas dezenas de milhas da Bahia de 1799.

É figura digna de emparelhar com a da geografia quinhentista do nosso velho Gândavo — onde se vê o monstruoso *hipupiara*, monstro que dava "urros tão feios" — ou com aquelas figuras de que se acham cheios os nossos vetustos mapas quinhentistas, os gigantes sem cabeça ou de pés para trás e os anões de uma perna só, o ferocíssimo *hay*, animal que vivia só de ar, a monstruosa *simia vulpina* e quejandos abantesmas.

E não nos esqueçamos que se imprimiu o livreco em terras dos autores de *Gulliver* e *Robinson*.

Para o apresentar, recorreram os honrados editores mr. J. Lee, de Whych Street, número onze, e mr. J. S. Kerby, de Paternoster Row, número quinze, ao lápis anônimo de um desenhista fraquinho, encomendando-lhe ilustração de grande efeito para um dos episódios do livro no Brasil.

E como a nossa boa terra já houvesse deixado de ser a *Terra papagallorum* dos velhos cosmógrafos, arranjou-se qualquer coisa de vistoso, em que figura uma sucurijuba, um minhocão formidável, formidanda, formidolosa, formidolosíssima, cobrinha junto da qual a famosa *shueyeba-*

tuescha do verídico Ulrico Schmidel passava a ser mísera minhoquinha.

Brasilia: serpentum terra era o título que se lhe devia ter proposto.

E assim os padecimentos e a boçalidade provável de John Browne, artilheiro desertor da guarnição de Santa Helena, unida à esperteza de Lee e Kerby, editores certos da incomensurável ingenuidade tola do público, valeram à bibliografia xenobrasileira uma obrinha que bem merece a consagração das boas libras esterlinas, por ela dadas pelo amigo Almeida Prado, generoso bibliófilo cujos livros não são os prisioneiros perpétuos de tantos colecionadores mesquinhos.

Começa o nosso John Browne a narrar, depois de assaz longo prefácio, muito atoleimado, pretensioso e "chaparrudo", obra de anônimo que provavelmente foi mr. Lee ou mr. Kerby.

É tendencioso, visa os *pence* ou o *shilling* do respeitável e enrolável leitor. Lembra que os fatos narrados eram do conhecimento geral do público, já tendo aparecido na imprensa. Mas aquela "maravilhosa demonstração da humana miséria" cairia fatalmente no olvido se continuasse a jazer nas efêmeras publicações do jornalismo.

Era preciso ressuscitá-la sob a forma do livro para que o público por ele pudesse avaliar o que consegue a resistência humana. Fora este o único fito da publicação do opúsculo, a rememoração de atos dignos de eterno louvor, títulos de glória da espécie bímano-bipédica.

E, descaminhando para o terreno da ternura, acrescenta o prefaciador piegas:

> Ao mesmo tempo será esta narrativa certamente tida como consoladora, atingindo o âmago da sensibilidade. Muito embora se apresente geralmente desoladora e lúgubre, por vezes a iluminam, embora instantaneamente, os jatos solares, enquanto surgem as manchas verdes e isoladas da verdura, a embelezar as paisagens.
>
> É bem exato que nela explodem as mais violentas paixões da natura humana: o terror, a ira e o ciúme, e sob os mais tremendos aspectos! Mas também o leitor ali encontrará aquele visitante celestial: o Amor, derramando o bálsamo da consolação aos desesperados fugitivos.

Termina o nosso homenzinho o seu palanfrório com uma tirada patriótica: "Comparando as modas e feitios, virtudes e vícios das nações entre as quais os nossos aventureiros foram obrigados a permanecer, ficamos em condições de avaliar por seu justo valor as bênçãos especiais de que gozam os que vivem cercados pela segurança e o conforto, nas bem-aventuradas terras da velha Inglaterra".

Resumamos, porém, a *Narrativa impressionadora de John Browne.*

Era este personagem, em 1799, soldado da guarnição de Santa Helena. Vivia maldizendo o rigor da sorte iníqua, entediadíssimo com a permanência na ilha africana obscura, ainda não napoleônica. O comandante de um baleeiro americano propôs-lhe então, e a mais cinco camaradas, levá-los, clandestinamente, aos Estados Unidos.

Aceitaram jubilosos o convite, ocultaram-se nuns rochedos onde haviam escondido um escaler e fizeram-se ao alto-mar. Mas o americano, não se sabe por quê, "roeu-lhes a corda" ou deles se extraviou. Viram-se, pois, os seis desertores em pleno oceano, com 25 libras de pão e sessenta litros d'água, em matéria de provisões. E, como ouvissem o troar do canhão, ficaram certos de que sua fuga fora descoberta.

E assim, convictos de que, apanhados, pereceriam sob o calabrote, o sibilante *cat of nine tails*, arriscaram-se à mais prodigiosa façanha. Tentaram atravessar o Atlântico em seu miserável barco!

Partindo a 10 de junho de 1799, acharam-se em pleno oceano a primeiro de julho e reduzidos ao mais terrível esfomeamento. A esta altura conseguiram matar pequeno golfinho, que lhes serviu de refeição durante quatro dias, tudo devorando ao prestimoso cetáceo, legendariamente filantrópico, até os ossos... No dia 5 resolveram que seria um deles fugitivos designado para alimentar os outros cinco. Recorrendo à sorte, coube a um tal Mac Kinnon servir de repasto aos companheiros. Pediu o mísero que o deixassem suicidar-se e estoicamente morreu.

Três dias mais tarde era o bote atirado a uma praia do sul da Bahia, perto de Belmonte, caindo os trânsfugas numa aldeia de índios semicivilizados que, aliás, os trataram muito bem.

Dali conseguiram ir à cidade d'O Salvador, onde o vice-rei d. Antonio Ferrajez (sic), conde dos Arcos (sic), e a alta sociedade baiana os receberam com grande caridade.

Por um dos refugiados, um tal Parr, apaixonou-se perdidamente a bela Olímpia, filha do riquíssimo negociante Álvares. Opôs-se terminantemente, porém, o inflexível mercador a este projetado consórcio luso-britânico.

Mas o confessor da donzela, um tal frei Domingos, casou os dois namorados, à noitinha e clandestinamente, em seu convento, onde lhes preparara até a câmara nupcial (sic!).

Realizado o matrimônio secreto, apavorou-se o jovem

par, receoso da vindita alvaresca, fugindo da cidade para o Recôncavo. Acompanhava à terna e vulcânica Olímpia a índia Rola, sua ama, que pretendia guiar os protegidos ao refúgio seguro da taba de sua gente.

Dando o velho Álvares por falta da filha, fez infernal alarido e pôs a Bahia toda em enorme rebuliço. As buscas mais severas se realizaram para a captura dos pombinhos! Mas qual!, não houve quem lhes tivesse divisado o rasto.

Pelas ruas escutava John Browne, a cada passo, as mais indignadas exprobrações: ingleses ingratos! Pérfidos amigos! E isto ainda era o que de mais suave lhes vinha aos ouvidos. Chegou a revolta popular a tal ponto, que tanto ele como os companheiros de travessia acharam melhor não arredar mais o pé de casa.

A ausência de Rola fora porém um indício de pista. Como a sua tribo vivesse a umas cinqüenta milhas no interior, imaginou logo a polícia que lá deveria estar o casal fugitivo.

Uma bela manhã, partiu ao seu encalço uma diligência de trinta soldados de cavalaria, armados de carabinas e sabres. Browne acompanhava a escolta e ouviu do governador ao oficial comandante severas recomendações: "O senhor sabe que os valentes ingleses são os nossos melhores amigos e aliados. Desde séculos nos têm valido sempre contra os inimigos de Portugal! Não devemos, pois, ser cruéis para com um filho da Inglaterra, mesmo quando, como no caso presente, haja sido tão ingrato!".

Guiada por dois índios da tribo de Rola, caminhou rapidamente a escolta até meio-dia. Era esta hora perigosíssima, não só por causa dos enormes carnívoros, pumas e *jaquares* (sic), como pela presença de numerosas cascavéis.

Mas o perigo maior, o perigo terrível, era o do possível encontro com a "monstruosa e fatal *ibibaboka*".

Os bravos dragões, contudo, não se mostravam intimidados. Depois do descanso de uma hora para o almoço, penetrou a tropa no tremendo labirinto daquela "selva escuríssima".

Não haviam exagerado os índios de todo. Começaram a aparecer as cascavéis pelo trilho, mas fugiam, velocíssimas (!), apenas viam os homens. O mesmo se deu com "aquelas hediondas bestas feras pumas e *jaquares*", que a cada passo surgiam, saltando atrás dos troncos das árvores.

Caminhou a escolta até quase a hora do poente. Atingira o cume de uma montanha, onde deveria, a conselho dos guias, passar a noite, quando de repente ouviram-se os mais lancinantes brados de pedido de socorro.

Guiados pela voz dos que clamavam, galoparam Browne e os soldados. Qual não foi o horror e pasmo quando se lhes defrontou "a feroz e venenosíssima *ibibaboka*, enlaçada ao tronco de majestosíssima palmeira".

Três entes humanos, perseguidos atrozmente pelo minhocão, ali estavam refugiados, na copa da árvore. Avalie-se o estarrecimento de Browne, quando neles reconheceu o amigo, sua jovem esposa e Rola!

Acossados pela sucuri descomunal, haviam de ter revelado, naturalmente, qualidades até agora desconhecidas e insuspeitadas de inigualáveis ginastas. Não fora assim, como teriam podido subir às grimpas da palmeira? Com uma agilidade de caxinguelê ou de quati? Muito pode o amor ao pêlo...

Verdade é que o nosso narrador não explica como se haviam dado estes prodígios acrobáticos.

Os cavalarianos, de espadas desembainhadas, achavam-se, contudo, atrapalhadíssimos para avançar. Os cavalos, espavoridos, empinavam e saltavam como se camurças fossem.

E, enquanto isso, o tremendo bicharoco, coleando-se ao tronco da palmeira, lentamente alteava a monstruosa cabeça, escancarando as imensas fauces e os olhos, vulcanicamente chamejantes, para as desgraçadas presas.

Foi então que Browne se decidiu! Impassível! Heróico! Sublime! Descavalgou, ergueu a carabina e apontou...

Ante tão prodigiosa demonstração de ânimo, vários soldados o imitaram. Ainda não fixava bem o herói a pontaria, quando a situação se complicou ainda mais e atingiu a culminância daquela cena que na selva brasileira repetia o caso laocoôntico.

Conseguira o monstro apreender a barra da saia de Olímpia! (a que as brisas agitavam) e, soltando então pavoroso urro, tentava arrancar a pobre rapariga aos braços do terno e amado esposo! Aqui só faltava o *horresco referens.*

Desorientados mostravam-se os soldados, que ao som terrível haviam escutado. Ao peito as carabinas apertavam, em vez de as apontar...... Viu Browne a mísera mocinha, vítima do seu amor, desaparecer na goela, necessariamente hiante, do sucuriju.

Parr, a ela atracado, puxava-a com todas as forças e sentia-se disposto a fazer de profeta Jonas. Nunca abandonaria quem por ele, por seu amor, ia morrer. Pediria a cena hoje o acompanhamento da música do último ato da *Aída*... "Morir si pura e bella..."

Uma nuvem perpassou pelos olhos de Browne. Sentiu

mesmo ligeiro desmaio. Mas qual!, veio logo a reação àquele homem de nervos de aço.

Não havia um único segundo a perder. Firmou a pontaria e... fogo! Prodigiosa pontaria!, digna de patrício do inigualável arqueiro Robin Hood!

Foi a bala, certeira, apanhar o bulbo do minhocão. E tal a felicidade dos dois amantes, que a cabeça do monstro, depois de oscilação gigantesca, pendeu para o lado oposto àquele em que estavam! "Porque senão a pestífera influência de seu hálito lhes teria sido fatal à vida."

Desabou a monstruosa serpe de modo fragoroso e aí a soldadesca, criando ânimo, caiu-lhe de espada em cima. Dentro em breve expirava. Tinha 27 pés, mais de nove metros de comprimento.

Bem diz o nosso velho adágio, que é bem mais fácil apanhar aos que faltam à verdade do que aos coxos... Atribui o sr. Browne à cobrinha nove metros de comprimento. Pois bem! Apenas lhe concede uma circunferência de 55 centímetros ou um diâmetro de pouco mais de dezesseis centímetros! Inadmissível, por mais elasticidade que se queira admitir aos tecidos da simpática *ibibaboka*.

A fim de reforçar os créditos da narrativa, publicou o nosso desertor uma gravura, que é a principal peça de seu sumário de culpa contra a verdade. Difícil será, com efeito, encontrar-se estampa mais ridícula e idiota.

A palmeira em que se encarapitam os perseguidos do minhocão esgalha-se abundantemente, a partir de uns dez metros do solo, numa fronde que pode ser a de todos os tipos vegetais, mas nunca a dos indivíduos da família das palmáceas.

Os fugitivos, alcandorados em possantes galhos, só à custa de prodigiosa acrobacia devem ter podido lá guindar-se e engrimpar-se. Ainda bem para o inglês marinheiro e para a índia. Mas a bela Olímpia? Como poderia esta mimosa criatura içar-se por aquele fuste alto, grosso e roliço, a cuja base se enrodilha a serpe, cujo diâmetro a figura nos mostra ser o dobro da cinta do galante e dedicado Parr. Então teria o nosso britânico apenas oito centímetros de diâmetro!

Pintou-se o nosso Browne em heróica atitude, arma ao rosto, visando o monstro, cuja cabeça se alça ao nível dos pés de suas vítimas, e cuja língua, indefectivelmente bífida, devia ter, pelas dimensões da estampa, aí uns setenta centímetros de comprido!

A soldadesca esparramada forma o fundo do quadro, tentando dominar as suas alimárias espavoridas. Apenas dois homens descavalgados acompanham o heróico enfrentador do bicharoco, mas numa atitude tal que parecem estar apresentando armas em continência à *ibibaboka*.

Olímpia, envolta em enorme manto, que toma ares de trajos de baile, apóia-se ao robusto peito do amado. Estão ambos instalados num galho da palmeira (!), que devia ter tido, pelo menos, meio metro de largo. A índia Rola (?), esta se acha atracada a outro galho e assentada em sua bifurcação.

"Com esta estampazinha está feito o nosso negocinho", devem ter pensado os srs. Lee e R. S. Kerby, honestos editores londrinos. "Não haverá quem não nos compre a *terrível narrativa de John Browne*!"

E assim se enriqueceu a literatura xenobrasileira, anglobrasileira, com este elemento pitoresco e referto de informações verídicas, dignas do imortal grego beotarca que nem por brincadeira se deixava arrastar ao deslize da mais insignificante peta.

Calculem-se as efusões de conhecimento dos "pombinhos" escapos às fauces e ao hálito da hedionda *ibibaboka*! Ainda assim lhes restava um último sobressalto. Que planos seriam os da escolta a seu respeito?

Browne tranqüilizou-os, assegurou-lhes a proteção da

força armada, cuja missão fora apenas reconduzir os fugitivos "ao grêmio da sociedade culta a que pertenciam". Belas, nobres e inesquecíveis palavras!

A pobre Rola não queria largar o seu possante "galho de palmeira"! Coitada! Bem sabia que sempre pagam os pequenos as asneiras dos grandes. Só desceu quando o oficial comandante da escolta lhe garantiu o perdão.

Caíra a noite. Compartilharam os fugitivos do rancho da tropa e receberam, de seus salvadores, sobretudos, dormindo enrolados em tais capotes.

No dia seguinte, a entrada do cortejo na Bahia foi a mais vexatória para a pobre Olímpia. A cidade em peso, devorada pela curiosidade, estava na rua. Imensa multidão estacionava em frente ao palácio governamental.

D. Antônio Ferrajez recebeu os fugitivos com a habitual brandura. Movido por particular delicadeza, fez pequeno *speech* de censura à bela escapa ao pátrio poder do respeitável Álvares. Eloqüente, profundo psicólogo dos recessos do coração feminino, assim a interpelou o bondoso homem: "Senhora! Eu me atreveria a lhe verberar o imprudente procedimento se não soubesse que procede do amor e da gratidão!".

A frase era arriscada em relação aos sentimentos básicos da constituição familiar da época. Assim, d. Antônio Ferrajez entendeu dever mitigá-la por uma restrição: "Muito embora o reconhecimento filial devesse prevenir-vos que íeis cometer grave falta para com vosso pai, o homem que vos salvou a vida era certamente digno de vosso afeto, mas também passível de censura por vos ter obtido a mão em matrimônio clandestino!".

Como se vê, o nosso d. Antônio cultivava o gênero dos que simultaneamente malham em cravos e ferraduras.

Dirigindo-se depois ao jovem inglês, apostrofou-o o digno governador em tom de grave e merencória advertência: "Realmente não sei o que vos diga, senhor Parr! Sois evidentemente fidalgo e homem de boas rodas, como tanto transparece do vosso saber e maneiras. Como, portanto, vos deixastes arrastar ao rapto desta jovem e inocente senhora da casa paterna e a convencestes da necessidade da permanência entre bárbaros índios, onde vos teria sido impossível a felicidade?".

Parr se opusera, entre parênteses, e com todas as forças, à romântica escápula ideada por sua mulher. Mas dele diz o nosso artilheiro: "Perfeito cavalheiro como era, preferia mil mortes a acusar a sua bem-amada". Foi aí que esta interveio. Em palavras entrecortadas pelos fundos soluços, confessou que toda a culpa lhe cabia, nessa proeza que quase lhe custara a vida, e ao marido adoradíssimo.

O bom d. Antônio, enternecido ao último ponto, resolveu servir de juiz de paz, promovendo a reconciliação geral dos culpados com seu pai e sogro. Enquanto isso convidou o par fugitivo a elegante jantar preparado em palácio, repasto de que comparticipou Browne, o novo Hércules matador de pitões.

À sobremesa apareceu, seguido do velho Álvares. Quando Olímpia se avistou com o pai, tal choque sentiu, que desmaiou. Mas o negociante, sob a influência do excelente Ferrajez, estava com os sentimentos modificados.

Assegurou o perdão à desatinada filha e pela atitude cordial tranqüilizou-a e ao genro.

Retirou-se Parr da Bahia, receoso da vingança do antigo namorado da bela Olímpia, um tal Lorenzo Tagusio (sic!), cujos capangas certa noite quase lhe haviam dado cabo da pele.

Quanto ao heróico John Browne, passou ele por novos e alanceados transes. Foi na Bahia recrutado e metido a bordo de um navio de guerra de sua própria nação que à Austrália levava presidiários.

Conseguiu disfarçar-se, sendo, depois de visitar o cabo da Boa Esperança, transferido para bordo de outro navio de guerra.

No verão de 1801 viu-se engajado para o cruzeiro do *Duke of Clarence*, que patrulhava o Atlântico Sul. Nesta campanha assistiu à captura de dois navios franceses, piratas. Como o *Duke of Clarence* aportasse a Santa Helena, achou o nosso homem prudente apresentar-se e recitar o seu *confiteor*.

Reunido o conselho de guerra, que devia julgá-lo, pretende ter sido tratado com muita brandura. Generosamente esqueceu a junta a falta, atendendo a que os horrores da travessia já o haviam castigado suficientemente. E acrescia a circunstância de que o seu estado de saúde continuava precário. Tão indulgente se mostrou, mesmo, que até lhe permitiu voltar logo à terra natal.

Também exclama o grato absolvido: "Espero que minhas desastrosas aventuras e a triste sorte de meus companheiros de sofrimento hão de sempre impedir os homens da guarnição de Santa Helena de se empenhar em tão alucinada empresa quanto a minha".

Que haverá de verdadeiro em tudo quanto escreveu mestre Browne? Indagamos, novamente.

O caso da *ibibaboka* deixa-nos positivamente céticos. Terá existido a bela Olímpia? E d. Ferrajez? E os mais da sua roda? Rola & Cia.? Terá, acaso, realmente vivido John Browne, artilheiro que, no ano da graça de 1799, apareceu na Bahia fugido de Santa Helena?

12
Novas histórias de monstros e monstrengos marítimos e terrestres

Já, assaz extensamente, demos notícia das inúmeras crendices e abusões, muitas delas grosseiras, e grosseiríssimas até, reinantes no público luso-brasileiro setecentista. E, no entanto, arrancando os maiores encômios gerais, como ocorreu, por exemplo, com as séries de estapafúrdias patranhas transcritas e invocadas, em 1759, por Pedro Norberto de Aucourt e Padilha.

Largamente floresceu, até princípios do século XIX, a literatura sobre os monstros, sempre apreciada por avultado público, curioso por conhecer pormenores sobre os espécimes teratológicos que lhe eram apontados.

Verdadeira revivescência de recordações da humanidade das cavernas, às voltas com uma série de animais apavorantes — de espécies hoje extintas e incomparavelmente

A serpente ibibaboka

mais fortes do que os nossos mesquinhos ancestres —, estas impulsões atávicas explodiam periodicamente sob a forma de notícias estarrecentes.

Uma das mais curiosas, e das últimas, de tais atoardas foi a fábula setecentista da famosa *Bête du Gévaudan*, que toda a França conhece.

É filha da alucinação coletiva.

Este monstro pavoroso que, em 1765, aterrorizou uma província inteira da França central e sobre o qual se escreveram milhares de páginas, em prosa e verso, ilustradas e não ilustradas, não passava, no entanto, de um lince, verdade é que agigantado.

Em Portugal a "literatura monstruosa", se assim lhe podemos chamar, é assaz vultosa, como aliás em toda a Europa. Ora se ocupa de elementos reinóis, ora, e sobretudo, da zoologia teratológica das possessões lusitanas.

Um dos números dessa bibliografia, ingenuamente toleirona, vem a ser a *Relação do monstruoso peixe que nas praias do Tejo apareceu em 16 de maio deste presente ano de 1748, oferecida ao público por Manuel da Conceição, livreiro morador na rua do Loreto.*

Principia tal moxinifada pelos seguintes e desfrutáveis conceitos:

Prodigiosa é a natureza na criação de seus indivíduos, assim terrestres como aquáticos, sendo tantas as variedades deles que, por mais que os autores se desvelaram com referi-las, nunca foi possível numerá-las.

Porque dos quatro elementos que a onipotência divina criou para teatro, em que o homem representasse a tragicomédia de sua vida, a três povoou de irracionais, que como súditos lhe obedecessem e como alimentos o sustentassem.

E, dando-lhe a investidura de rei, quis provar se cumpria com as obrigações de majestade, se já não foi, que como lhe pretendia dar coroa, era justo que a merecesse na campanha.

Rebelou-se o homem contra Deus, e rebelaram-se as outras criaturas contra o homem e, sendo dantes temido, ao depois veio a ser tímido. Antes lhe davam obediência, ao depois lhe causaram moléstia. E apenas, de tantas espécies, há uma que lhe não seja traidora.

Na terra, que males não recebe o homem do leão, do javali, do elefante e da onça?

A quantos não têm tragado os lobos, sendo de todos estes os mais covardes?

Quantas ciladas lhe não armam as serpentes?

Finalmente, até uns viventes átomos o afligem: no ar parece que estudam as aves o modo como o hão de perseguir e, quando não podem na pessoa, o fazem nas herdades.

> Entre todos me parece que são os peixes os que mais ao homem desobedecem e os que em sua espécie maiores gigantes conservam, pois nenhuma comparação têm na terra. Elefante, vivente castelo, animada montanha, com a Baleia, cuja grandeza é igual, e me atrevo a dizer que excede, à maior nau que sulca as perigosas derrotas do Brasil e Índias. Por esta monstruosa máquina padecem muitos navegantes excessivos trabalhos.

Passa o douto autor a relatar que, uma vez, viajando para a Bahia, vira-se perseguido por baleia de descomunal tamanho! Escapara, felizmente, graças a uma traça bem conhecida da gente maruja: derramar azeite à superfície das águas. Isto fizera com que o monstro se detivesse a beber o líquido oleaginoso, dando tempo ao navio de fugir a tão grave perigo.

Descreve o autor, a seu modo, a pesca da baleia na Bahia, um dos raros pontos das costas de possessões portuguesas onde tal caçada se efetuava, quer lhe parecer. Não tem interesse maior, exceto quanto a um reparo: exprime quanto, a seu ver, "seria melhor que os caçadores do cetáceo se empregassem em destruir os infiéis".

Refere, depois, anedotas sobre os tubarões e a sua ferocidade, mas também sem maior valia.

Passando ao principal assunto de seu comunicado científico (!), explica o digno Manuel da Conceição que o seu peixe tinha 32 palmos de comprido (7,04 m) e dez de largura (2,20 m), dispondo de uma boca dentro da qual se aninharia um homem da mais alta estatura.

A cauda, com 7,5 palmos de largura (1,54 m), era em leque e como que correspondia a monstruosa espinha. Quanto à anatomia de tal bicharoco, o que nela havia de mais interessante vinha a ser o seguinte: o monstro não tinha intestino e apenas um fígado imenso!

Antes, porém, da *Bête du Gévaudan*, andou Portugal às voltas com a tremenda "fera de Chaves", assunto da notícia impressa que sobre ela fez correr, e com todas as licenças necessárias, Joseph Filipe, editor.

Manifestou-se o Santo Ofício no sentido de deixar circular semelhante chorrilho de imbecilidades, que obteve a aprovação até do bispo titular de Lacedemônia.

Trata-se de opúsculo de dezesseis páginas cuja folha de rosto traz a seguinte epígrafe: *Relação verdadeira de espantosa fera que há tempos a esta parte tem aparecido nas vizinhanças de Chaves. Os estragos que tem feito e diligências que se fazem para a apanharem, segundo as notícias participadas por cartas de pessoas fidedignas daquela província. Lisboa, na oficina de Joseph Filipe, ano 1760, com todas as licenças necessárias.*

Como intróito expende o autor uma série de considerandos, filha de uma filosofia tão valiosa quanto a de seu antecessor, o homem do peixe-monstro:

> Prodigiosa é a natureza na criação de seus indivíduos, assim terrestres como aquáticos, sendo tanta a sua variedade que, por mais que os naturalistas se empenharam na sua descrição, foi esta matéria muito superior às suas forças; nós, porém, que habitamos no jardim da Europa, qual é na opinião de muitos a nossa Espanha, admiramos os que muitos têm por natural.
>
> Na África não costumam os naturais sair das cidades, vilas ou lugares sem a escolta suficiente para a defesa de monstruosas feras que, criadas nos incultos matos, são estrago geral de quantos encontram. A Ásia não menos é abundante de animais ferocíssimos; a América, bem sabido é que na sua vastidão se criam as maiores serpentes.
>
> Ali se vê o jacaré nas águas, com tanto atrevimento como fortaleza, virar uma canoa carregada e fazer pasto da sua fereza a quantos pode colher com suas unhas; a cobra a que chamam *sucuru* (sic), que atravessada nos rios faz horrorosa a sua passagem, a esta chamam os naturais "cobra de veado"; é de tanta grandeza que engolindo um boi só as armas lhe impedem a que de um trago o não recolha logo. As suas forças são

tantas, que em certa ocasião, pretendendo os habitantes das margens de um rio livrar-se do ônus que lhe causava a assistência deste animal aquático, lhe armaram com uma cabra atada a uma corda de bastante grossura, tendo preparada uma junta de bois para a puxarem a terra, tanto que ela fizesse no animal presa, porém era tanta a força que a cobra fazia, que se viram obrigados a conduzir outra junta para que aquela que tinham não fosse pasto da mesma a que queriam fazer presa.

Foi tirada enfim para terra, não sem algum perigo dos que assistiam à sua condução. Não há em todo o Brasil animal maior que este, não deixa contudo de os haver ferocíssimos, como é a onça, a que coisa viva não escapa, outra cobra, cujo veneno é tão pestífero, que apenas se liga com o sangue é inevitável a morte, é tão freqüente nas terras da América, que nas Aldeias e Lugares menos populosos as viam os habitantes muitas vezes enroscadas com as camas.

Estes são os animais que mais se dão a conhecer, pela freqüência que há do seu gênero; além destes se têm encontrado alguns muitos raros, já pacíficos, já ferozes; desta quantidade é o de que trataremos na presente *Relação.*

Estava felizmente a Península Ibérica indene de semelhantes monstros. Ou pelo menos passara por tal até o aparecimento da horrenda fera que enchia de terror a comarca de Chaves e quase toda a província de Trás-os-Montes e adjacências castelhanas.

Vítimas de sua ferocidade já se contavam mais de cem! E todas elas lamentáveis, por serem as mais do sexo feminino!

> Ao princípio ficavam livres da sua ferocidade as pessoas adultas, ou fosse na fera temor, ou displicência, agora porém a tudo investe com tanto furor, que não há pessoa a quem ao perto veja que de sua ferocidade não fuja.
>
> Estas crueldades, acrescentava o nosso informante, têm posto a terra em uma grande confusão, e espanto, e querendo livrar-se de tão grande inimigo, se têm ajuntado por três vezes as ordenanças e auxiliares daqueles povos a fazer várias montarias, levando em sua companhia alguns soldados de cavalo, porém infelizmente sucede que, quando estas prevenções se fazem com as quais se imagina vencer um mal tão grande, e colher, ou morta, ou viva uma fera tão horrível:
>
> Ela em semelhantes tempos se oculta de forma que nos mesmos lugares que antes tinha frequentado não aparecem nem os seus vestígios. Tornados que sejam cada qual para sua casa, passados dias torna a descobrir-se e torna logo o estrago a manifestar-se; além destas montarias gerais se lhe têm feito outras muitas particulares e tendo-a visto se lhe têm atirado alguns tiros, segundo permite a sua incrível velocidade, nada

contudo aproveita porque se presume que, ou as balas a não acertam, ou as conchas de que é coberta por impenetráveis a livram.

Esta a causa por que em todas aquelas vizinhanças se não atrevem os pastores a conduzir aos montes o seu gado, por estarem certos de que encontrando a fera tanto dele como dos que o governam, inevitável é a ruína; causa por que se lhe faz precisa numerosa escolta.

Ainda que ao princípio se disse que esta perversa fera ao presente tempo tudo acomete e tudo devora, contudo tem se visto pelos estragos que ao que mais se arroja são às pessoas do sexo feminino, e às crianças, principalmente àquelas que costumam nestas partes pastorear o gado, o modo que tem nestas crueldades é depois de mortas as pessoas chupar-lhe o sangue, e aberto com as garras o ventre comer-lhe as entranhas.

Não se dissesse porém que não houvera quem se atrevesse a arrostar o pavoroso monstro.

Desastrado mas não inglório fim tivera um rapaz campeão da nossa espécie, que filantropicamente se dedicara pelos seus semelhantes, tentando acabar com a vida do daninho abantesma.

Um mancebo de agigantadas forças, e mais animoso que afortunado, tomando por empresa vencer esta batalha, se encontrou com ela tendo por arma um bem afiado machado, e esperando-a ao passar, pretendeu fazê-la despojo do seu valor, errou por falta de fortuna o golpe, ou fosse que a fera o evitou pela velocidade ou que as conchas a livraram pela fortaleza, largou ele o machado vendo-lhe que não aproveitava, e andando muito tempo a braços com o monstro quis a sua pouca fortuna que não tivesse quem o socorresse, pelo que, cansado de lutar, ferido e aberto pelas unhas, já por último lhe entregou a vida, porém não a glória, de que conseguiria valoroso o que não pôde infeliz.

Fato espantoso, absolutamente milagroso, o que sucedera pouco depois! Depois de haver morto o heróico mancebo de agigantadas forças, passara a fera

a outra parte, e encontrando junto de um lameiro a uma criança na mesma carreira lhe tirou repentinamente a vida, voltou logo a outra, a qual, vendo o sucesso do companheiro, não lhe dando o tempo lugar a mais, correu para onde estavam uns bois, chegando-se para um aonde o conduziu a casualidade.

O animal, porém, com espanto da mesma natureza, tomou ao inocente menino e, recolhendo-o entre as mãos, com as armas o defendeu, voltando-se a todas as partes por onde a fera o perseguia. Era o boi de grande estatura, e como a esta acompanham iguais forças, e no comum destes animais não

> são pequenas, não pôde a fera conseguir o desejo que tinha da presa, e neste tempo concorrendo gente admiraram o caso e evitaram a ruína.

Outro paladino da nossa espécie bipédico-implume, do velho chavão, armara-se de ponto em branco como se nele ressuscitasse um dos companheiros de Urgel de Danoa Reinaldo de Montalvão Ricarte de Normandia, senão o próprio Roldão, que também dava pelo nome de Rodando.

O seu intento era, assim avivado, agredir o monstro invulnerável às balas, como a anta e o jacaré do Brasil.

Ouçamos porém o douto noticiarista terato-zoólogo:

> Vestiu-se das armas possíveis um cavaleiro com o intento de ter com a fera rigorosa batalha e ver se com uma lança lhe podia acertar por entre as conchas, sujeitando-se deste modo ao perigo das suas garras.
>
> Porque, como os tiros são de longe, e ela ao desfechar se cobre com os multiplicados escudos, se livra das balas, bem como a anta, que sentindo lhe atiram fecha a pele e zomba de quem lhe atira.
>
> Animais há a quem sucede o mesmo, o jacaré no Brasil, o crocodilo na África e outras muitas feras, que agora não refiro, porque só desta é que trato; mas, tornando ao cavaleiro, tanto que a fera o viu, e que não podia empregar nele a sua

fúria, se pôs em fugida, ajudada da sua natural ligeireza; venceria esta ao cavalo em que era seguida, se arrebentando os loros, não receasse este valoroso homem precipitar-se do cavalo, por cujo motivo desistiu da empresa.

Eclipsou-se o monstro fatal à comarca de Chaves e outras, mas já reaparecera pimpão: "A fera, depois deste acometimento, por muitos tempos não foi vista, passado o qual termo tornou a aparecer, dando sinal de si com duas mortes. Apareceu por alguns tempos em um sítio longe, e com tanto descanso, que deu ocasião a que um curioso lhe tirasse do modo possível o presente retrato".

O "presente retrato" é simplesmente impagável: uma cara bem bovina, de larga face enrugada de pensador, nariz correto, grande beiçola, adornada de bigodeira à Humberto Primo, dentuça magnífica em que sobressaem incisivos imensos, digno de algum *babirussa* paleontológico. Corpo de escamas imbricadas como se fosse o de um tatu encascado de ferro e cauda recordando uma folha de samambaia terminada por um espanador de penas. Tal o retrato verdadeiro da espantosa fera de Chaves.

Contra ela se mobilizaram tropas! O general Veiga pensara em mandar o filho à testa de sessenta cavaleiros e duzentos infantes, a fim de ver se dava cabo do canastro de semelhante bicharoco.

"Permita o céu possa efetuar-se esta diligência!", concluía o nosso homenzinho, o esperto Joseph Filipe, que com certeza apanhou uns bons tostões, senão umas boas patacas, dos papalvos a quem impressionara com a *Relação verdadeira.* E ria-se dos seus tosqueados, a bom rir...

13
O monstro do Caminho do Mar

A América, continente misterioso, de impenetrável floresta, apresentou imenso campo ao delírio da imaginação européia em matéria de seres monstruosos, habitantes de sua selva. No nosso Brasil florestal colocaram os viajantes e os geógrafos os monstros horrendos como os antropomorfos *coruqueans*, *guayazis* e *matuyus*, as feras temerosas da ordem da *simia vulpina* e do *hay*, as serpentes imensas como a *shueyebatuescha* etc.

Mas de outro monstro, assolador de terras paulistas, não tínhamos notícia documental, até que, graças ao eminente e erudito amigo Alberto Lamego, descobrimos um, novo e interessantíssimo, porque se refere à mais ilustre estrada de nosso país: o Caminho do Mar.

E dele tomamos conhecimento graças a raríssimo opús-

O monstro do Caminho do Mar

culo, hoje verdadeiramente notável como raridade. Refere-se a uma série de boatos correntes em Lisboa em princípios do século XIX e consubstanciados num livreco a que acompanha uma estampa a cores.

Diz a sua folha de rosto: *História do bicho ou monstro que dizem fora trazido da América para esta capital. Lisboa, na Impressão Régia, ano 1807, com licença de Sua Alteza Real. Vende-se por 240 réis na Loja da Gazeta, e na Impressão Régia com uma estampa iluminada.*

A este anúncio correspondem umas poucas páginas sandias.

Explica o autor que deseja explicar o significado de uma estampa muito divulgada na capital portuguesa, havia pouco. Mas claramente transparece que procurava auferir lucro do movimento da curiosidade pública nascida da contemplação do retrato de tal monstro:

> A notícia, meu amado Sílvio, que se principiou a espalhar nessa província, a respeito do monstro trazido dos bosques da América a esta capital, correu aqui muito tempo como uma coisa infalível; assim, é provável que se comunicasse a todo o Reino, e até os países estrangeiros, como um fato positivo, e fora de toda a dúvida.
>
> Há perto de um mês que aparece aqui a pintura de um monstro humano, representando um gigante de doze palmos

> de altura com quatro de largura nas espáduas, e todas as mais partes do corpo proporcionais a estas dimensões.
>
> Este imaginário gigante é representado todo coberto de pêlo como um urso, com o umbigo e os olhos vermelhos, e unhas crescidas e curvas como as garras de leão e dentes de javali.

O interessante era que tal abantesma ou coisa que valha procedia dos recessos da selva paulista. E a sua história de antropófago se relatava pavorosa:

> Dizem que este monstro aparecera entre São Paulo e Santos, devorando dois homens que tiveram a desgraça de o encontrar, andando eles à caça.
>
> Eis aqui em poucas palavras a sua história: oito caçadores daqueles sítios saíram a caçar pelos matos, divididos dois a dois, tendo ajustado entre si de se ajuntarem a certa hora em um lugar que assinalaram.
>
> Três destes quatro pares, depois de vagarem muito tempo pelo mato, foram dar ao lugar assinalado para se ajuntarem, e não achando ali os outros dois companheiros, esperaram por eles; mas, observando por fim que tardavam já demasiadamente, foram procurados pela parte por onde se concordara que tomariam a sua derrota.
>
> Os seis caçadores, depois de andarem um espaço considerável de terreno, viram o tal monstro devorando um dos seus

companheiros, tendo já morto o outro, que se achava estendido por terra junto dele.

Estes seis caçadores ficaram aterrados à vista do espetáculo horrível que lhes oferecia o carnívoro monstro, devorando os seus infelizes companheiros. Posto que se achassem armados de espingardas, pólvora, balas e punhais dos que eles costumam trazer nas digressões que fazem pelos bosques, não se atreveram a investi-lo.

Não tardou, porém, que os escapos ao medonho bicharoco procurassem vingar os míseros companheiros:

Passados os primeiros momentos de terror, que lhes infundiu tão lamentável espetáculo, consultaram entre si sobre a resolução que tomaram em lance tão crítico, e resolveram unanimemente ir chamar gente armada para poderem atacar o monstro, sem o perigo de se exporem a ser igualmente vítimas da sua voracidade.

Em conseqüência desta resolução, correram apressadamente a um lugar pouco distante dali, e trouxeram consigo muitos homens armados com espingardas, pólvora e balas; e achando que o monstro continuava devorando tranqüilamente a presa, sem se assustar com a presença da muita gente que viu, atiraram-lhe muitos tiros com balas, admirando-se muito de verem que o não feriam pelo não penetrarem as balas.

Mas fatalmente deveria o pavoroso bicharoco ter o clássico "tendão de Aquiles". Mas este não era nos membros inferiores: "Não se desanimaram inteiramente com isto; e, continuando a atirar-lhe, acertaram-lhe uma bala no umbigo, a qual, penetrando no interior do corpo, o matou, fazendo-o cair por terra".

Explicava depois o bom autor que a sua história admitia diversas versões: "Esta história conta-se com muitas variantes, algumas das quais o descrevem coberto de conchas pela parte da barriga; e as cópias que se têm tirado da pintura deste monstro vão-se igualmente variando, pintando-o cada copista mais ou menos hediondo segundo a maneira com que ouve descrever".

E nada mais idiota quanto as considerações sobre a provável família ou tribo a que devia pertencer o gigante do Caminho do Mar, que possivelmente poderia ter vindo de região a mais longínqua:

> A existência de um gigante como este supõe necessariamente a de outros mais, porque não só há de ter pai, mãe e avós, mas há toda a probabilidade de que tenha irmãos e sobretudo parentes errantes nos bosques ou habitando algum país a maior ou menor distância do sítio onde foi encontrado.
>
> Fazem-se já algumas reflexões a este respeito, supondo al-

> gumas pessoas que o tal monstro seja algum selvagem vindo do país dos patagões, onde os homens, segundo as descrições de viajantes acreditados, são com pouca diferença da corpulência do que faz o objeto deste escrito.

Fazia-se então a aplicação do caso ao ambiente paulista com o desvendamento de uma novidade que certamente deixará surpresos os nossos leitores:

> Em São Paulo e em outras partes da América meridional há uma antiga tradição de que se acham naqueles sertões tribos de povos selvagens da grandeza de gigantes, cobertos pela maior parte de cabelos e carnívoros.
>
> Estes homens são conhecidos pelo nome de caipiras (sic), que quer dizer "selvagem dos bosques", porque *cai*, na língua do país, significa "bravio" e *pira*, "árvore" (sic!!), e como ali há um uso de fazerem os adjetivos substantivos, designam o homem bravio que vive entre as árvores com o nome de caipira.
>
> Outras pessoas dizem que *cai* significa macaco e que caipiras são macacos grandes que vivem no interior dos bosques; e asseguram que em São Paulo se põe medo às crianças com caipira, como entre nós com o papão.
>
> Eu mesmo ouvi dizer a um sujeito condecorado, natural daquele país, que a existência dos caipiras era um fato bem

averiguado, e que haverá pouco mais de trinta anos que os caçadores das vizinhanças de São Paulo tinham morto um.

Eis um punhado de belas novidades para brasileiros e sobretudo paulistas. Continua o douto autor com a sua dissertação erudita, que logo depois envolve questão da maior relevância no nosso folclore indiático:

> Também se diz que outros selvagens, conhecidos pelo nome de caiporas, de estatura baixa, mas que se não têm visto nunca mais de que um só por cada vez (montado em um porco bravo, que serve de guia a um rebanho inteiro de porcos).
>
> Os tais caiporas, segundo a opinião de alguns habitantes daquelas terras, são os filhos dos caipiras (sic!!), porque, como estes são carnívoros, domesticam os porcos bravos e põem em cada rebanho um dos seus filhos para conduzir estes animais.

Explanada esta questão, que envolve um dos mais curiosos mitos ameríndios, aventa o nosso desvendador de mistérios mais uma hipótese. Diz respeito a caso da maior relevância na esfera da zoologia. Símios antropóides na América. No Brasil! Em São Paulo! "Algumas pessoas supõem que o monstro de que se trata é um *ourangoutang*, de estatura gigantesca; e como estes animais andam de pé como os homens, podiam os caçadores de São Paulo tomá-lo por um caipira, supondo-se a origem desta história verdadeira."

Ao terminar, narra o sábio anônimo as diversas peripécias do caso do seu monstro, contando quanto em Lisboa causara ele verdadeiro e malogrado movimento da curiosidade popular:

> Há cinco ou seis meses que ela principiou a espalhar-se no Rio de Janeiro, fazendo o objeto das conversações, como faz atualmente as desta capital, onde algumas pessoas, das que têm obrigação de ponderar o que dizem, afirmam a verdade desta história, asseverando que o tal monstro veio embalsamado do Rio de Janeiro para esta cidade.
>
> Isto fez engrossar tanto o boato público, que determinou muita gente a ir de propósito ao Museu de Belém para ver o tal monstro, por se dizer que se achava já ali depositado; mas o seu trabalho foi perdido nesta parte, porque com efeito não existia este objeto da sua curiosidade.

Um movimento de probidade científica levava, porém, o nosso articulista a expor o que sabia de mais exato sobre tão extraordinário acontecimento: "Informando-me miudamente com diferentes pessoas, chegadas agora do Rio de Janeiro, cheguei a saber com toda a certeza que se não viu ali o monstro de que se trata; o que posso segurar aos meus leitores porque consultei pessoas fidedignas de muita probidade e algumas das que deviam saber isto de ofício".

E afinal, como remate, surgiam umas linhas que não deixavam de ser tranqüilizadoras para aqueles que pretendessem, nas terras de São Paulo, sair à busca da árvore das patacas, planta típica da flora brasiliense: "Não falta quem atribua a origem desta história a uma das caricaturas a que os espíritos satíricos costumam recorrer para se vingarem dos seus inimigos, quando não o podem fazer por outro modo".

Seja como for, a história do bicho monstro é pitoresca achega para os fastos anedotários do nosso glorioso Caminho do Mar, que já se podia ufanar do seu formidável jaguaretê, do seu *mancater* de 1655, devorador insaciável de viandantes.

Já lhe apareceu um lobisomem autêntico, só lhe falta agora que dos arquivos saia alguma nova narrativa, bem cabeluda, das façanhas, hoje obliteradas pelo tempo, de um Luigi Vampa eventual.

Agora como última notícia: *last but not least* (este inglês, apesar de estafado, é cômodo), está o monstro do Caminho do Mar em exposição permanente no Museu Paulista, derradeiro ambiente de suas façanhas — verdadeiras.

ESTA OBRA, COMPOSTA PELO ESTÚDIO O.L.M. EM AGARAMOND, TEVE SEUS FILMES GERADOS NO BUREAU 34 E FOI IMPRESSA PELA GEOGRÁFICA EM OFF-SET SOBRE PAPEL PÓLEN SOFT DA COMPANHIA SUZANO PARA A EDITORA SCHWARCZ EM DEZEMBRO DE 1998.